高职高专"十三五"规划教材　社会工作专业

社会工作文书

主　编　张晓琴　李　坪
副主编　柳彩霞　付美珍　支素华

轻松下载　教学资源
电子书在手，时时学

南京大学出版社

图书在版编目(CIP)数据

社会工作文书/张晓琴,李坪主编.—南京:南京大学出版社,2017.12
高职高专"十三五"规划教材·社会工作专业
ISBN 978-7-305-16103-2

Ⅰ.①社… Ⅱ.①张… ②李… Ⅲ.①社会工作—文书工作 Ⅳ.①C916.2

中国版本图书馆 CIP 数据核字(2017)第 161323 号

出版发行	南京大学出版社
社　　址	南京市汉口路22号　　邮　编　210093
出版人	金鑫荣
丛书名	高职高专"十三五"规划教材·社会工作专业
书　　名	社会工作文书
主　　编	张晓琴　李坪
责任编辑	李建国　蔡文彬　　编辑热线　025-83592123
照　　排	南京理工大学资产经营有限公司
印　　刷	南京人文印务有限公司
开　　本	787×960　1/16　印张 12.5　字数 375 千
版　　次	2017年12月第1版　2017年12月第1次印刷
ISBN 978-7-305-16103-2
定　　价	32.00元

网　　址:http://www.njupco.com
官方微博:http://weibo.com/njupco
官方微信号:njupress
销售咨询热线:(025)83594756

* 版权所有,侵权必究
* 凡购买南大版图书,如有印装质量问题,请与所购
  图书销售部门联系调换

前　言

　　文书写作是社会工作者的一项重要工作内容。在社会工作服务一线，社工又有"写工"之谑称。2012年，我们在修订专业人才培养方案调研过程中，了解到社会工作服务很多一线社工苦于社会工作文书的写作，希望学校能加强在校生社会工作文书能力方面的指导与训练。因此，我校在2012级社区管理与服务专业人才培养方案中增设"应用写作"课程；并于2013级人才培养方案中正式更名为"社工文书写作"课程。

　　由于社会工作在我国是新兴职业，社会工作文书资料涉及服务机构、服务对象的私隐，没有现存教材可用。四年来，为做好这门课的教学工作，我们一方面聘请一线社工授课，一方面也鼓励校内教师积极参与一线服务、了解岗位需求，并在此基础上形成自编讲义。

　　作为一本书的正式出版，我们酝酿了很多年。但囿于一线服务文书的使用伦理，我们总感觉在资料的收集上难以呈现社会工作文书的整体脉络，这份遗憾也让本书的出版一再搁置。非常庆幸在文稿搁置过程中因学生实习、毕业生就业方面的事务与广州市心明爱社会工作服务中心(以下简称"心明爱")有了一段美丽的遇见，很感动于心明爱给予实习生的悉心培养和人文关怀，更敬佩该机构在服务文书支持上爽快的应承和积极的回应。心明爱秉承"以人为本、奉献精神、友爱互助"的价值观，坚持"心连心、明需求、爱传承"的服务使命，以妇女儿童及长者服务为基础，用创新公益慈善模式，致力发展成为多元化及专业化的社会服务专业机构。目前已开展家庭综合服务、品牌养老服务、妇女儿童服务、司法矫正及安置帮教服务等专业项目，具有一定的社会影响力。正是因为心明爱的大力支持，本书在服务文书示例的提供上才显得更加完整和丰满。

  本书由李坪主持的"社会治理创新与社区教育基地"项目提供资助,由张晓琴策划和统稿。柳彩霞负责编写第一篇个案社会工作文书;支素华负责编写第二篇小组工作文书;付美珍、张晓琴负责编写第三篇社区工作文书。广州市心明爱社会工作服务中心负责所在机构文书的收集、整理和修改工作。谭洛明老师毫无保留地提供了社会工作文书早期自编讲义的文本资料;李子慧、林翠琴等任课老师也贡献了智慧,在此一并致谢!

  由于我们的能力与知识水平有限,在内容的择取、文献的引用等方面恐挂一漏万,不周之处欢迎各位读者批评指正。

张晓琴、李坪

2017.11

目 录

第一篇　个案工作文书

项目一　个案接案记录表 …………………………………………… 3

　　知识点1：主要任务 ……………………………………………… 8
　　知识点2：资料收集 ……………………………………………… 9
　　知识点3：问题分析 ……………………………………………… 10
　　知识点4：问题预估 ……………………………………………… 13

项目二　个案服务计划书 …………………………………………… 25

　　知识点1：制定目标 ……………………………………………… 27
　　知识点2：理论依据 ……………………………………………… 29
　　知识点3：介入策略 ……………………………………………… 30

项目三　个案服务过程记录表 ……………………………………… 35

　　知识点1：记录形式 ……………………………………………… 37
　　知识点2：记录内容 ……………………………………………… 37

项目四　个案结案报告 ……………………………………………… 47

　　知识点1：结案类型 ……………………………………………… 51
　　知识点2：总结评估 ……………………………………………… 51
　　知识点3：个案转介 ……………………………………………… 53
　　知识点4：档案编号 ……………………………………………… 57

附录:广州市心明爱社会工作服务中心个案工作服务文书……………… 59

第二篇 小组工作文书

项目五 小组计划书 …………………………………………………… 60

  知识点 1:整体框架 ………………………………………………… 60

  知识点 2:背景与理念 ……………………………………………… 62

  知识点 3:小组类型 ………………………………………………… 64

  知识点 4:小组规模 ………………………………………………… 65

  知识点 5:时间与场地 ……………………………………………… 66

  知识点 6:目标设定 ………………………………………………… 66

  知识点 7:集会安排 ………………………………………………… 68

项目六 小组工作过程记录 …………………………………………… 82

  知识点 1:整体框架 ………………………………………………… 82

  知识点 2:注意事项 ………………………………………………… 87

项目七 小组总结报告 ………………………………………………… 92

  知识点 1:总结报告的框架与结构 ………………………………… 92

  知识点 2:评估概念与基本类型 …………………………………… 96

  知识点 3:工作资料整理 …………………………………………… 112

附录:广州市心明爱社会工作服务中心小组工作服务文书……………… 115

第三篇 社区工作文书

项目八 社区导向报告 ………………………………………………… 116

  知识点 1:了解社区基本概况 ……………………………………… 116

  知识点 2:绘制社区资源地图 ……………………………………… 120

知识点3:分析社区问题 …………………………………… 121

项目九　社区调查报告 ………………………………………… 127
　　知识点1:调查方案 ………………………………………… 127
　　知识点2:调查问卷 ………………………………………… 133
　　知识点3:访谈提纲 ………………………………………… 141
　　知识点4:调查报告 ………………………………………… 145

项目十　社区活动文书 ………………………………………… 164
　　知识点1:社区活动计划书 ………………………………… 164
　　知识点2:社区活动总结报告 ……………………………… 178
　　知识点3:社区活动其他文书 ……………………………… 186

附录:广州市心明爱社会工作服务中心社区活动服务文书 …… 189

参考文献 ……………………………………………………… 190

第一篇　个案工作文书

社会个案工作过程是由一串连续的服务过程组成的,是针对案主问题,从有步骤地接触、评估情况、和案主建立关系、解决问题到最终结案评估的整个过程。这个过程有基本的步骤程序和要求,始于因案主面对个人问题或者困境,前来机构寻求专业人员的协助,终于服务目标的达成或者中断服务关系。对于服务过程的阶段划分,不同学者的划分有所差异。本文主要采用斯奇摩(R. A. Skimond,1994)在《社会工作概论》一书中的分类方法作为基本架构,同时参照其他学者的分类方法,将个案工作过程大致区分为四个阶段:即初期阶段、预估阶段、干预阶段与结案阶段。主要完成接案、收集资料与预估、制定目标与工作计划、结案与评估六项工作内容。

目前,在机构运行管理的过程中,大多数使用表格化的模式,这一方面有利于将数据输到计算机中,简化机构文档的记录保存工作;另一方面,通过机构社工所设计的表格的使用,也帮助社工在信息的收集过程中有的放矢,规范服务的开展。

在后面部分中会详细讨论每个阶段中涉及的机构表格的原理、使用方法及使用过程应该注意的事项。每位社会工作者在使用文书的过程中不可孤立地、机械地照搬照套,需结合案主的问题、需求,结合机构的实际文书情况灵活调整使用。

因个案工作过程的复杂性,需要撰写的文书较多,为更好地体现服务的专业性,结合个案工作的步骤,我们通过下图图表概览的方式呈现各文书的使用阶段及主要目的。

工作内容	主要任务描述	机构文书使用
接案和预估	1. 收集案主个人、家庭、社会等资料 2. 根据所收集的资料进行初步分析与诊断	《个案接案记录表》
制定服务计划	1. 制定工作目标：总体目标、阶段目标 2. 明确实现目标的方式、措施	《个案服务计划书》
介入服务	根据工作计划，有步骤地开展工作	《个案过程记录表》
结案与评估	检查介入行动是否促使目标达成，总结经验	《个案结案报告》 《个案转介/转案表》 《服务对象满意度调查表》

个案工作过程图示

项目一 个案接案记录表

在提供个案服务过程中,从社工与案主的接触开始,社工通过会谈过程,针对案主的问题与需求,进行社会心理探索,该阶段即为初期阶段。在个案工作的初期阶段,社工首先要面对的是接案过程的处理。即案主来机构求助时,社工与案主第一次面对面地接触,通过会谈过程,针对案主的问题进行探索,收集案主的资料,对案主及其带来的问题进行初步评估,并依据机构功能与目的评估是否能接受服务,以便为案主提供适切的服务,建立初步的专业关系。

接案过程需要解决的主要任务包括:

1. 了解服务对象的求助意愿,进而认定服务对象的类型;
2. 了解服务对象的求助过程,解决问题的主要尝试过程;
3. 初步评估服务对象的问题和需要,以把握接案的工作重点;
4. 使"潜在服务对象"成为"现有服务对象",促使服务对象进入案主的角色。

为确保接案工作的有效完成,工作者特别需要注意几个问题:

1. 决定是否需要紧急介入;
2. 确定服务对象的问题是工作者能力和技巧所能胜任的;
3. 确定服务对象的问题适合机构的方案、资源和服务。

在大多数机构里,初步接触主要是获得当事人的基本资料,如年龄、性别、婚姻状况、受教育经历等个人情况以及家庭情况。除了通过与当事人及其家人接触以获得基本资料外,还可以通过其他途径获取更详细的资料以全面了解服务对象,如在学校的学习状况、就医记录等。因此,在初步接触中,社会工作者开始暖身,建立专业关系,降低案主尴尬不安的焦虑情绪,共同探讨案主求助的问题,有系统地收集和组织资料,针对案主呈现的问题从不同层次进行预估。主要使用的文书是《个案接案记录表》,主要内容包括呈现案主的问题和服务对象的背景资料。(参见表1-1)

表1-1 个案接案记录表①

申请日期_____

申请时间_____

申请地点_____

个案档案编号_____

负责社工姓名_____

来源	中心接待
	电话查询
	社工走访
	由_____转介

一、服务对象基本信息

姓名			出生日期		出生地	
性别	□男 □女		社区年龄		证件号码	
婚姻状况	□未婚 □已婚 □离婚 □丧偶 □分居 □独居					
熟练语言	□普通话 □粤语 □客家话 □潮汕话 □其他：_____					
住房情况	□商品房 □自建房 □单位宿舍 □租房 □寄住 □其他					
职业/单位						
所在居委			所在小区			
联系地址						
联系电话						
Email/QQ						
姓名	与案主关系		年龄	职业/就读学校班级	是否紧急联系人	是否同住

---

① 表格改编节选自广州市社会工作协会工作表格。

续表

家庭结构图	指引
	基本指引： □ 男性　○ 女性　□─○ 婚姻关系 ⊠ ⊗ 死亡　□─○/ / 离婚关系 代际关系　──── 紧密关系 　　　　　〜〜〜〜 紧张关系 疏离或松散的关系：- - - - - - - - - - 关系不和或中断：──┤├──
求助意向	□婚姻　□法律　□家庭暴力　□情绪/精神困扰 □教育　□孩子照顾　□家庭关系　□查询其他社区资源 □居住　□就业　□经济援助　□查询/参与中心服务 □其他（请注明）：_____

二、需求评估

背景资料	案主基本情况	（从生理健康、心理健康、重要生活事件等方面概括说明）
	案主家庭系统	（根据上述家庭结构图，简要分析家庭动力）
	案主人际交往系统	
	案主的优势及资源	（从案主自身、外在环境分析其现有的或潜在的优势及资源）

续表

表征或主诉问题	简要说明案主自述的目前面临的困难/问题/需要。
问题及需求评估	说明案主迫切需要解决的困难/问题/需要。

曾接受政府或其他机构服务(中心名称、联络人、服务期间)
□ 无接受任何政府/医院/机构服务。
□ 接受医疗服务于_____(请填写)诊所/医院,相隔_____(请填写)会复诊一次。
□ 接受_____(请填写)服务于_____(请填写)机构,相隔时间_____(请填写)。

三、当次接案时,社工提供的服务

首次面谈时间		地点		面谈对象	
面谈内容					

四、评估与建议

危机因素	□没有　　□有(低/高)　请注明：_____ 危机因素判别标准： ① 服务对象表现不稳定,有自残、自杀或伤人、杀人倾向； ② 服务对象人身安全受到威胁,如正遭受勒索、恐吓等非法行为的迫害； ③ 服务对象计划采取或已发生可能危及自身安全或产生严重后果。例如离家出走等； ④ 服务对象正在实施犯罪行为或计划实施犯罪行为； ⑤ 其他工作人员认为可能会对服务对象或其他人的生命安全构成危机的情况。
紧急行动	□不需要,请列出原因：
	□需要,请注明所需行动：
跟进	□不需跟进,请列出原因：
	□需要,请注明须跟进的范畴：
建议参加服务	□参与现有_____(个案服务)跟进社工:_____ □参与现有_____(小组/活动)跟进社工:_____ □机构转介_____　　　　　跟进社工:_____
补充说明及注意事项:	

五、社工督导意见

是否跟进：　□需要跟进　　□不需跟进,请说明原因： 个案：　　　□委派/□转介　予:_____	
建议跟进重点及注意事项	
签名：　　　　　　　　　　　批阅日期：	

知识点1：主要任务

接案过程是社会工作实务过程的第一步，是社会工作者助人活动的开端，也是整个助人过程的基础和起点。该阶段的目的在于通过与求助者的初步接触，协助求助者明确问题产生的可能原因并进行初步评估，依据机构的功能与求助者商讨是否可以对其提供服务，使求助者转变为案主。在接案阶段，社会工作者的主要任务包括以下几方面：

1. 了解服务对象的来源

一般来说，服务对象的来源通常有三种情况：

（1）主动求助的。所谓主动求助的服务对象，是一个人、家庭或团体、组织、社区带着超出他们能力之外而不能解决的问题主动前来寻求帮助。这种服务对象通常比较了解社会工作机构相关服务信息，他们知道机构能够为他们提供什么服务。因而，机构提供的服务与他们的期望两者之间具有较强的一致性。

（2）他人转介的。这种服务对象是由他人转介而来的，他们可能是由社区内的相关机构（如街道办事处、居委会）或邻居发现因存在严重的个人、家庭或群体问题而影响到了正常的社会功能发挥，从而要求社会工作者介入来帮助他们解决问题。

（3）由社会工作者主动接触而成为服务对象的。对于由社会工作者认定为服务对象的人来说，没有主动求助或者说没有求助动机并不等于他们就不需要服务、不想得到服务。面对此类服务对象时，社会工作者的重要工作和任务是，消除他们对机构和社会工作者的不信任感，并引导他们接受服务。

2. 认定服务对象的类型

社会工作者在接案前对服务对象的类型进行辨别，以便提供合适的服务，对不同的求助者采取不同的处理方法。一般情况下，根据求助者的来源和求助意愿将其分为自愿型服务对象、非自愿型服务对象以及不自愿/被强制接受服务的服务对象三大类。对不需要服务的求助者要对其问题进行一个简单的评估，看是否真的不需要立刻服务还是有别的原因；对询问信息的求助者，工作者要尽可能提供一些有帮助的信息；对有求助意愿者，鼓励其成为案主。

3. 了解服务对象的求助过程

一般来说，大多数服务对象来求助是在尝试自己解决问题后效果不良后所做的选择。探讨其求助过程有助于提高后续服务的针对性。

4. 促使"潜在服务对象"成为"现有服务对象"

服务对象真正接受机构服务之前，他们还都是"潜在的服务对象"，即尚未使用或接受社会工作协助和社会工作资源帮助,但未来可能需要服务资源和协助的服务对象;或服务对象没有求助,但可能需要协助;或虽没有求助但已妨碍他人或者其他社会系统社会功能的正常发挥。对那些有求助意愿的服务对象,工作者要给予鼓励,树立起解决问题的信心和对求助机构及工作者的信心。

知识点2:资料收集

当求助者成为案主之后,社会工作者必须针对会谈过程所收集的与个案有关的社会、心理资料进行清晰的归类,以便了解问题的成因。在生态系统理论视角下,人被看作是通过与环境中各种因素的相互作用,从而发现自己、适应环境。在个案工作中强调"人在情境中",通常认为个人的行为是个人与环境互动的结果。开展个案工作的功能之一就是恢复和增强个人与环境的适应能力。因此,了解案主问题的重点是掌握案主个人和环境的情况,以及案主与环境互动的情况。生态系统理论把个人所在的各个系统分为微观系统、中观系统和宏观系统。在社会工作实务中,资料收集的范围和内容主要包括:[①]

1. 基本资料

(1)背景资料:年龄、性别、籍贯、教育程度、家庭情况、婚姻状况、职业、收入状况等。

(2)身体情况:即案主的疾病史、就医史。具体包括:健康状况、营养状况、既往病史、有无残疾、遗传病以及长期慢性病,用药情况等与当前问题之间的关系。

(3)身体外表:穿着或者外观是否整洁等。

(4)其他:其他可被观察到的行为、情感与情绪反应。

2. 主要问题

案主以自己的语言和看法陈述的问题,有关问题发生的时间、持续状况、严重程度等。

3. 求助动机

社会工作者必须澄清案主为何此时前来求助,除了主要问题之外,是不是还有伴随事件的发生,求助的主要动机和目的是什么等。

4. 求助者目前的功能状况

个案工作者必须仔细评估案主目前在工作方面、家庭关系、学业表现、健康状况或者安全程度等方面的现状、特点以及优、缺点。

---

① 潘淑敏:《社会个案工作》.中国台北:心理出版社2000年版,第259页。

(1) 案主的心理功能：如案主的心理状况、智力水平、认知能力、个性特点、自我概念、情感与行为方式等。社会工作者可运用工具协助评估案主心理功能与人格特质。常见的测量工具有智力测验、兴趣测验、性格测验、人格测验等；当然，社会工作者也可以通过会谈和观察的方式进一步评估案主的心理功能。

(2) 案主的社会功能：即社会工作者需要进一步评估案主所处的社会环境和人际关系的能力。包括案主的人际关系状况，与家人、朋友、同事的关系；案主成长的背景、学习、工作和生活环境，例如家庭的经济状况，家人之间的关系形态，父母的影响以及邻里关系等。

5. 问题发展史

工作者需要了解案主求助问题的发生与发展过程，如问题发生的时间节点、案主对问题的解决方式、案主的社会支持系统等。

6. 家庭史

个案工作者应对案主完整的家庭史有所了解，具体包括每个家庭成员的年龄、性别、职业、教育程度，以及成员之间的亲疏远近的关系。一般情况下用家庭生态系统图表示。

7. 个人发展史

主要指案主在不同发展阶段经历的关键性生活事件与问题及其对案主的影响，可参考生活事件量表进行评估。

8. 社会文化背景

社会工作者需要就案主成长过程与生活环境逐一了解，并评估其是否影响问题的界定或者影响专业关系的发展。如案主的宗教信仰、生活价值观、文化传统、社会阶级等。

社会工作者通过上述社会心理资料的收集过程，整理、分类、摘要与分析，逐渐形成对案主问题的初步诊断与工作假设。在收集资料的过程中，可以综合采用多种方法，如与案主会谈、直接观察、向案主系统收集案主问题与行为有关的资料，也可以采用问卷和量表来了解案主的认知能力或生活功能。

知识点3：问题分析

1. 对问题的表述

对问题进行清楚的陈述是服务计划和行动的前提。约翰逊建议分三步界定问题：① 工作者必须弄清楚案主未被满足的需要，案主缺少了什么才导致了问题的产生；② 辨识需要满足的障碍是什么，案主和案主情境中的什么东西阻碍了案主需要的满足;③ 工作者用"消除需要满足的障碍"术语来陈述问题。[1]

例如,一个离家出走的、长期泡在网吧中的学生可能需要住所,也可能需要一个免受家庭暴力的家。他的问题就是缺乏必要的住所或者安全的需要,而不是离家出走。工作者的干预目标就是帮助案主满足未被满足的需要,即找到某个住的地方或者协助父亲改变,或者提供一个有安全保障的临时住所。如"小明在家里没有安全感,工作者需要协助其父亲改变暴力行为,或暂时将小明安置在亲友家,以避免父亲的家庭暴力伤害"。这种界定问题的方法首先通过"问题是怎么描述的",让工作者获得一个如何着手的介入点,用"缺乏什么样的需求"来看问题,为如何做好下一步工作提供了一个线索。如上例中的对问题的描述比"流浪问题"要深刻得多,更能反映问题的本质,并找到解决问题的切入点。

主诉问题是案主对自己的问题及症状的主观陈述,主诉通常区别于一般性叙述,语言要言简意赅地概括案主的问题症状和求助动机,以及案主希望达到的目的。主诉的语言尽量应用案主陈述的原话,简明扼要,抓住重点,一般不超过30个汉字。

示例:
一般性叙述。案主表述自己的问题是:三个月来一直卧床不起,平时不愿意与他人交流,感到自己身体消瘦、无力;时常感到忧郁,以泪洗面;常会用手捂住胸口,感到烦躁、紧张,周围稍有不适,就会感到被惊吓。
主诉:卧床三个月;不愿与他人交流;身体消瘦、无力;忧郁流泪,烦躁紧张,易被惊吓。

2. 案主问题的类型
柯思特、阿西曼等学者总结诺森、雷德和艾泊斯坦等人的观点后,将案主的问题总结为以下几类:① 人际冲突;② 社会关系不满;③ 与正式组织互动发生问题;④ 角色扮演困难;⑤ 社会性变迁带来的问题;⑥ 心理的和行为的问题;

---

[1] Louise C Johnson, Robert W McClelland & Carold D Austin. Social Work Practice-A Generalist Approach. Canadian Edition. Allyn and Bacon Canada, 2000, 263.

⑦ 资源不足;⑧ 决策中的问题;⑨ 文化冲突。① 对问题进行分类,旨在帮助工作者对案主生活方面的需要评估提供一个参考。在实际生活中,这些问题往往不能被区分开来,而是纠缠在一起,需要澄清其最重要的问题所在;一些求助者在最初的主诉中提到的是一些细枝末节问题,对本质问题回避;还有些案主的问题抽象空洞,工作者需要将问题具体化,明确问题的性质。

例如,现年32岁的赵女士,求助社工是因为时常感到自己不自信。社工与其讨论后了解到,案主生活在一个有家庭暴力的环境中,丈夫脾气暴躁并常常酗酒,每当酗酒后就会打骂妻子和孩子。为此,赵女士一直都处于恐惧和压抑之中。赵女士真正期待的是如何才能保护自己,克服这种恐惧情绪。依据以上资料,可以初步确定案主是因为家庭暴力所引发的自身及孩子恐惧情绪问题。

3. 注意事项

案主主诉的问题,未必见得就是案主真正需要解决的问题。这些被提出来的问题,可能是案主的父母、配偶、小孩、法官或者其他人界定的,与案主所认知的问题并不相同。因此,工作者必须直接向案主询问对问题的看法。例如:"可不可以告诉我,你今天为什么来到这里?"或者"不知道我可以帮你什么?"。从个案工作的观点来说,由案主来界定问题,是非常重要的。因此在会谈过程中,必须详细清楚地记录案主对问题的认知。总之,对案主问题的界定,个案工作者应该谨守两项原则(Skidmore et al.,1994):

① 对问题的界定与处理,应该以案主界定为主,而不是社会工作者单方面所界定的问题。

② 社会工作者必须了解和把握刚开始由案主所呈现的问题,未必见得是案主真正想要解决或者真正面对的问题。

例如,王女士因为家庭纠纷求助社区工作站的社工,缘由是王女士的丈夫长期忙于工作,每天很晚回家,到家后吃过饭倒头便睡,而对家里的事情不闻不问,家里大小事情都是王女士操劳。眼看儿子就要中考了,说到这里,王女士的怨气

---

① Kirst-Ashman & Karen Kay. Understanding Generalist Practice. Chicago: Nelson Hall, 1993. 153 – 156.

不打一处来,嗓门提高了好多。这时社工问道:"假如您的丈夫每天能够早点回家,并能帮助您做好家务,是不是您就满意了?"王女士随口应道"当然了……""真的吗?"社工追问。王女士支吾起来。经过讨论王女士承认,其实丈夫忙于事业,这并不是不好,王女士真正不满意的是自己一年到头地操持家务,而丈夫每天回来视而不见,连句体贴的话也没有。从上面案例可以看出,案主提出的直接问题是希望丈夫早回家,帮助她做家务,实际内在的问题是丈夫对案主的付出视而不见,让案主沮丧、灰心,由此对丈夫产生怨气。

知识点 4:问题预估

预估是社会工作实务中一项基本过程。在初期阶段,社会工作者必须进一步了解案主的情况,了解案主出现问题的原因,针对案主呈现的问题进行预估。与心理学、医学等专业助人的评估不同,社会工作对案主问题的预估着重于针对不同层次来预估案主的社会功能与问题之间的关系。通过情感、行为、认知、案主内在外在的长处与资源及适应能力的综合探讨,评估对案主的过去功能与目前问题的关系。

1. 预估的要点

(1) 对案主问题诊断方面的信息进行归纳与整合

包括:案主的问题是什么?诸多问题中最主要的问题是什么?案主最希望解决的首要问题是什么?问题的表现及造成的后果是什么?案主问题产生的原因是什么?案主对自身问题的认识、态度,以及案主对此的需求与期望是什么?消除案主问题的主要障碍是什么?案主曾经有过哪些解决及改变?案主可利用的资源,以及有效的干预途径是什么?

(2) 对案主问题的性质判断与预测评估

围绕案主的主要问题进行评估。主要包括:第一,对案主身心状况的判断与评估。如身心状况是否异常;问题的性质;是否需要调整。第二,对案主问题行为及社会功能方面的评估。第三,对案主的行为会对自身、他人及环境造成什么样的影响的判断及评估。第四,对案主内在及外在的优势和资源支持系统的分析评估。例如,一个家庭的施暴者,虽然他不情愿接受社工的帮助,但他并不愿意失去婚姻和家庭,更不愿意失去对孩子的抚养权。因此,案主还是有改变的意愿和动机的。

(3) 选择与确定优先解决的问题。

社会工作者与案主通过讨论分析,决定最主要的问题、需要优先解决的问题是哪些,将所有问题一一列出,按照轻重缓急的顺序排列出来,作为下一步制定目标计划的依据。美国心理学家谢里·科米尔等提出了优先解决问题的原则框架:从案主当下存在的问题入手;从案主认为的最本质、最重要的问题入手;从最有可能或最容易解决的问题入手;从关键问题入手。①

2. 预估的基本步骤

预估是由系统有序的程序组成的,是一个不断循环往复、向前推进的过程。

(1) 收集资料。主要包括个人资料、环境资料及其服务对象与其环境间的交互作用等三方面的资料。

(2) 分析和解释服务对象的资料与问题。对所收集的资料进行整理,找出资料与资料之间的逻辑关系,进而进行分析和解释。

(3) 界定问题。在掌握了丰富的资料后,需要对服务对象的情况、问题与需要,形成问题阐述。主要包括:描述服务对象的问题与需要;描述问题发生的情况、原因、反应及采取的应对措施;描述服务对象的处境及其社会系统情况;服务对象问题得不到解决的原因;服务对象系统的发展阶段;鉴定服务对象系统的资源状况。

(4) 预估结论。预估结论要清楚表述对问题的认识,为社会工作者自己和服务对象、社会工作机构以及与服务对象有关的系统提供关于服务对象的需要与问题的准确和详细的信息,作为制订介入计划的依据。主要内容涉及案主的问题、案主的个人系统、家庭系统、社会环境等方面。

一般来说,预估报告的语言要简洁精炼,将事实和判断分开。事实资料主要是对问题的呈现,包括问题的时间及涉及的人和系统;服务对象和问题的背景,如家庭背景、教育背景和学业、就业历史等。专业判断是社会工作者基于专业做出的判断,包括对资料的分析理解;对服务对象问题、需求的评估;对问题进行分析,对问题形成原因的理解和解释;判断改变的可能性和改变的益处。

3. 预估的方法

社会工作者在提供专业服务过程中,如何进行评估是一项严肃的事情,它要

---

① [美]科米尔,[美]纽瑞尔斯,[美]奥斯本著,张迎新等译.《心理咨询师的问诊策略》,中国轻工业出版社 2009 年版。

求社会工作者将专业知识和案主的经历结合在一起分析。在"人在情境中"的理论框架的指导下,结合实务经验,对个人、家庭、群体、组织或者环境进行预估。通常情况下,有多种工具和方法可以使用,如家庭结构图、家庭生态图。两种工具作为描绘与评估案主与家庭之间的互动关系与问题、评估案主与其家庭问题与需求、了解案主内在和外在的资源的重要工具在各社会服务机构中广为使用。当然,除了家庭图,社会工作者还可以考虑使用测量标准或者问卷等,从众多的工具中选择适当有效的方法来分析案主的问题。此处重点针对家庭结构图的绘制和运用做深入介绍。

家庭结构图也称家庭树或家庭图谱,是用图形来表示家庭中三代人之间关系的方法。家庭结构图的内容和功能是:① 描述家庭的历史;② 提供有关家庭婚姻、死亡、家庭成员所处的地位和位置、家庭结构等与服务对象有关的简要信息;③ 包含家庭几个不同世代关系的资料,提供社会工作者有关家庭关系、资源、服务对象问题与家庭间关系等方面的资料。

(1) 家庭结构图常用的标注符号(见图1-1①)

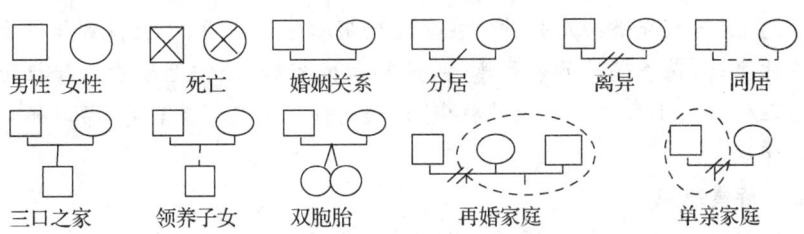

图1-1 家庭结构图常用的标注

(2) 家庭结构图信息标注

结构图中成员年龄及职业(学历),可以标注在成员侧边或者写在成员图内。其他信息也可表注,如结婚年龄 M(Married);同居时间 C(Cohabitation);分居时间 S(Separation);离婚时间 D(Divorce);复婚时间 R(Remarry)(见图1-2)。

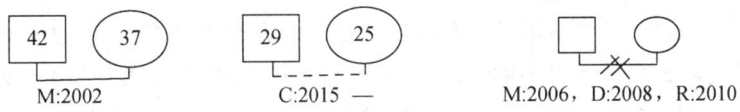

图1-2 家庭结构图信息标注

---

① 郑宁:《个案工作实务》,高等教育出版社2013年版。

（3）家庭结构图中成员关系的标注

在家庭结构图中，也可用线条等方式表示家庭成员之间的相互关系和互动作用状况（见图1-3）。

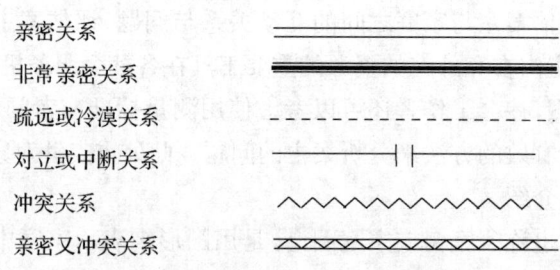

图1-3　家庭结构中成员关系的标注

（4）家庭结构图示例

服务对象：何某　　　　　　　接案时间：20××年×月××日

一、表现的问题

何某的女儿小兰，最近学习状态很不好，上课经常开小差，无法集中精力听课，老师提醒后只能坚持几分钟。在班主任耐心地询问中，小兰说到最近家里发生了一些事情，爸爸妈妈吵着要离婚，妈妈心情不好，经常无故责骂和打她。班主任与驻校社工小李在介入的过程中，计划对何某开展家庭辅导，帮助她处理婚姻家庭问题。

二、背景信息

何某与丈夫李某结婚15年，共同生育了两个女儿，小兰（14岁），小君（10岁）。夫妻感情原本还算基本稳定，后来丈夫辞职从老家来到广州，自主经营一家小商品标签加工制作的厂，经过夫妻共同经营，生意越做越大。何某也回到家庭做了全职家庭主妇，照顾孩子和公婆。大约在一年前，何某发现丈夫回家的时间越来越少，觉察到异常之后，何某通过一番调查发现，原来丈夫与客户中一位姓周的年轻女子走得很近，两人为此大吵，此后丈夫更是肆无忌惮，不再回家，婚姻关系难以维持。何某于两月前已离婚。小兰在与驻校社工的交谈中提到，妈妈最近心情非常不好，脾气暴躁，经常动不动就打她。经过社工与何某的交谈，她也意识到自己现在仍然走不出离婚的阴影，并且得知前夫已再婚，目前周某也怀孕了。何丽对婚姻彻底失望，深感家庭的压力之大，将这种负面情绪带给孩子，总认为女儿不听话、学习不好，而且坚持认为如果小兰是儿子的话丈夫就不会和自己离婚，所以，时常无法控制自己的情绪，甚至打骂小兰，偶尔也会骂妹妹小君。

三、家庭结构和家庭关系

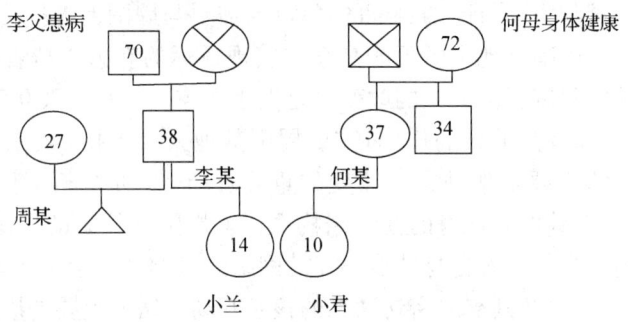

图 1-4 何丽的家庭结构图

4. 预估的内容

（1）对案主优势的评估

无论服务对象还是周围他人，如果前来找社会工作者求助，社会工作者会首先需要了解服务对象到底出了什么问题，是什么因素导致的。但是，常见的思维逻辑过于关注过去，有时候导致问题的解决方案无法实施。因此，除了分析问题之外，我们还需要进一步分析服务对象的能力、优势，即服务对象能做什么，擅长做什么，这是改变的基础和起点。把优势理论引入到社会工作服务过程中，不仅扩展了服务的内容，而且意味着社会工作者对服务对象的看法也发生了根本的变化。通过寻找优势，让社会工作者不再否认和弱化案主，而是探索人在情境中的优势；不再仅仅视服务对象为遇到困难需要帮助的人，而是拥有能力，运用自身的优势去克服困难并能够改善目前生活状况的人。社会工作者可以通过提问、通过对不完整句子的回应或者填空以及积极聆听来寻找优势。表1-2可以帮助工作者组织这个过程，在能力、社会支持、成功、生活教训等方面寻找优势。

表 1-2 寻找优势表[①]

	个人	情境	问题
能　力			
社会支持			
成　功			
生活教训			

---

① 巴里库耶纳著：《社会工作技巧手册》，朱孔芳、杨旭、丁慧敏译，华东理工大学出版社2009年版，第125—126页。

(2) 对案主资源的评估

案主在追求和实现自己的目标的过程中,需要与周围他人打交道,受到周围其他人的影响。周围其他人既可能是案主实现目标的有力支持者,也可能成为妨碍案主发展的限制者。案主的改变总是发生在与周围其他人互动的具体社会处境中,离不开周围其他人的作用,需要周围其他人的支持。① 因此,学会充分利用周围他人的资源是帮助案主改变的重要环节。② 在分析周围他人的资源中,不能撇开周围其他人自身的互动结构来谈。周围其他人的资源的发掘和运用进一步受到周围其他人自身的核心互动网络的影响。社会工作者在实务过程中,从分析服务对象及其与之密切联系的核心互动网络的重要的周围其他人,进而分析重要的周围其他人自身的互动网络,一层层相互关联,像一张资源网(见图1-5)。

例如,通过与案主父亲的交谈,社会工作者发现,案主对数学很有兴趣,放学回家后会主动完成数学作业;上课有时会举手发言。按他自己的说法,数学老师温和,对他们很好,不大声训斥。因为数学学得好,老师经常表扬,案主对此很自信。在学校学习中,经常与同桌一起做作业,积极性和学习效率高。

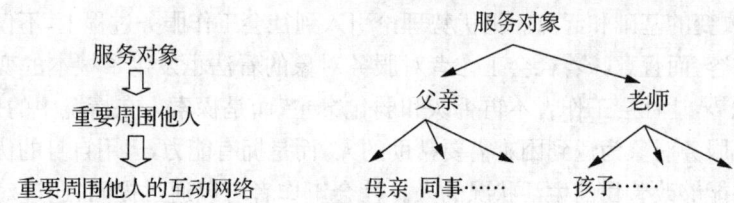

图1-5 案主资源分析的层面③

---

① White, M(1997). Narratives of Therapists' Lives. Adelaid, South Australia: Dulwich Center Publications, pp. 22-24.

② Saleebey, D. (1991). "Introduction: Power in the People". In D Saleeber(2nd ed.), The Strengths Perpective in Social Work Practice(pp. 3-19. New York: Allyn and Bacon, p. 15.

③ 童敏:《社会工作专业服务的规划与设计》,社会科学文献出版社2011年版,第48页。

示例:撰写预估陈述报告[①]

(接案部分略,请参见马伊里、吴铎主编的《社会工作案例精选》中《运用家庭治疗法促进家庭关系和谐》案例描述部分。)

预估陈述报告

黄女士家庭存在的主要问题:

(1) 家庭成员之间的沟通问题。小坤和父母亲之间存在着沟通困难,而且父母之间也缺乏有效的沟通。

(2) 小坤的学业问题。小坤沉迷于电脑而导致的逃课、不做作业,成绩下降等现象都表明小坤在学习方面存在障碍,而且小坤一度退学出去打工自立。

(3) 家长缺乏适合青春期孩子的教育方法问题。

(4) 小坤的网络沉迷问题。

黄女士的家庭情况分析:

小坤的童年是在乡下爷爷奶奶家度过的,因为当时父亲在部队当兵,母亲在工厂要倒班,房子又小,一个人没法带孩子。等上小学时小坤才回到母亲身边,但在小坤心里,爷爷奶奶才是最疼他的人,而母亲对自己太严厉,不喜欢自己,所以有什么心里话也不敢同母亲说。小坤四年级的时候父亲退役回家,小坤开始重新适应一家三口的生活。那时候家里的经济条件也不好,经常有小摩擦,小坤一直提心吊胆,生怕父母一不高兴就把气撒在自己身上。小坤自认为从小学到初一阶段,自己表面上是个挺听话的孩子,但实际上是个"深受压迫"的人。小坤认为爸爸只爱工作,不爱妈妈和这个家,平时难得见到父亲,基本上不与父亲进行沟通。而母亲前年下岗后,因为找不到工作,情绪很坏,经常和父亲吵架。小坤觉得在家里没意思,所以跟着同学就在网吧玩,不想回家。玩游戏对他来说是种解脱和发泄,因为回到家妈妈无非就是讲学习,还时常要监督自己,没有一点自由。小坤认为离家出走是不满父母对自己的态度,可以避开父母的争吵,也可以表达一种抗争,即自己已经长大了,不要再这样对待我,也不希望被父母认为自己只是个"吃闲饭的人"。小坤的优点在于,当接触到社工后,态度从敌对转变到合作,是个内向、自尊心强、聪明、善于察言观色的孩子,有一定明辨是非的能力,并且是个好强的孩子,这些因素都可以在介入阶段好好利用。

[①] 马伊里、吴铎主编:《社会工作案例精选》,华东理工大学出版社 2007 年版,第 100—102 页。

黄女士和张先生的婚姻生活是波澜起伏的。他们通过介绍认识的,结婚后常年两地分居,等开始三人世界的生活时,家庭成员面对着重新适应彼此的任务,加上张先生工作上的转变,使他自己感觉有很多困难和痛苦,但又得不到妻子的理解,于是就不太愿意和妻子交谈了,自己常常喝闷酒,每天很晚回家。妻子对他的表现很不满,所以,两人见面不是冷战就是吵架,摩擦很多。等张先生的工作刚刚有了起色时,妻子又面临下岗的困境,妻子嫌丈夫不关心她和孩子,现因孩子频频出现麻烦,他们才休战。在面谈时也反应出双方的不理解和相互埋怨的情况,特别是在教育儿子的问题上,双方的意见很不一致,张先生觉得妻子的啰嗦是造成儿子反抗的原因,而妻子认为丈夫平时一点不管家事,而是全由她来教育,一有错误就把责任全推到她身上,才造成今天的局面。

至于对孩子存在问题的认识,黄女士认为小坤由于从小是奶奶带大的,被他们宠坏了,所以,回来后跟自己不亲近,不肯同自己说心里话。特别是读初二后,开始变得反抗性很强,脾气很坏,你越不希望他做的事情他做得越起劲。逃课、说谎、偷家里的钱、砸东西、离家出走等,她真的不愿意相信这是自己的孩子干的,也觉得没有办法教育这孩子了,因为她说什么,孩子其实都听不进去。张先生认为小坤的学坏和他的同学有关系,是别的学生带坏了他的孩子,他否认自己不管孩子。

示例:个案接案记录表[①]

个案接案记录表

项目名称:××家庭综合服务中心　　　　　　档案编号:_____

当事人得知本中心服务途径
■自行接触本中心,请注明:案主寻求社工帮助_____　转介人/机构,请注明_____ 外展,请注明_____　曾参加本中心活动,请注明_____

第一部分:案主基本资料

1. 转介人资料(如适用)

姓名/机构名称		与当事人关系	
联络电话		地址	

[①] 该套表源自广州市心明爱社会工作服务中心,文书内容由刘泓滔社工撰写,个案内容已征得案主同意并进行处理,未经允许,不得转载。

2. 当事人资料

姓名	苏姨	性别	男 ☐ 女 ■	出生年月/年龄	62
地址	×××街××号××			联络电话	××××××××××
婚姻状况	未婚　■已婚　分居　离婚　丧偶独居　其他(请说明)				
教育程度	没有　小学　■初中　高中/职中　大学或以上　其他(请说明)				
职业情况	就业/就读(请注明：＿＿＿＿)　失业　■退休　无就业(如家庭主妇)＿＿				
经济来源	低保/低收入　家人/亲人支持　全职工作　兼职　积蓄　■其他＿＿				
收入情况	2000—3000				
住房情况	廉租房/解困房　经适房　祖屋　单位宿舍　■自购房　其他＿＿				
使用社会服务的记录	没有 ■曾经有(请注明服务及何时)：过往多次参加小组活动 现仍有接受服务(请注明)：				

3. 此内容适用于记录残障人士情况

残疾类型	肢体残疾　视力残疾　言语残疾 智力残疾　听力残疾　精神残疾　多重残疾：＿＿＿		
是否已领残疾证	是　否	评定残疾级别	☐未评级☐已评级：＿＿
精神残疾请补充以下内容			
精神病诊断	精神分裂症　抑郁症　强迫症　躁狂抑郁症　焦虑症　其他＿＿		
复诊情况	定期复诊　不定期复诊　自行买药　家属代为拿药　不复诊		
服药情况	自行服药　需他们提醒　按时服药　不按时服药(备注＿＿＿＿)		
	按量服药　不按量服药(备注＿＿＿)按种类服药(备注＿＿＿)		
暴力或攻击行为(如有请记录)			
入院/住院情况(如有请记录)			

4. 家庭成员资料

姓名	与案主关系	年龄	职业/就读学校班别	是否紧急联系人	是否同住
1. 朱××	夫妻	55	退休	否	是
2. 朱××	母女	26	在家	是	是

家庭结构图	指引
(图：方形 — 圆形⑥2，下连圆形)	*家庭结构图请打印或手写 基本指引： □ 男性　　○ 女性　　# 离婚关系 ⊗ 死亡 代际关系 (方—圆，下连方) 紧密关系：＝＝＝ 紧张关系：～～～ 疏离或松散的关系：--------- 关系不和或中断： —#—

第二部分：当事人初步困难/需要：(可多于一项)

1. 问题/需要(可多选)

个人问题			
1	■情绪困扰 (□死亡 □疾病 □自杀 □其他：_____)	2	□行为问题 (□偷盗 □打架 □社交障碍 □其他_____)
3	□人际关系 (□同学 □同事 □邻居 □其他_____)	4	□学习问题 (□专注力 □学习能力 □其他_____)
5	□成瘾 (□酗酒 □赌博 □吸毒 □上网/ 其他：_____)	6	□精神病 □疑似精神病
7	□就业 (□职业咨询 □就业指导 □就业困扰)	8	□未婚怀孕 □滥交

9	□复康服务(□肢体康复训练□智障□精神复康□其他_____)		
家庭问题			
10	□儿童照顾	11	□孩子照顾(□饮食□生活习惯□礼貌□其他_____)
12	□婚姻问题(□意见不合□冷战□婚外情□其他_____)	13	□家庭关系(□姻亲□兄弟姊妹□父母子女□其他)
14	□亲子关系	15	□长者养老
16	□家庭暴力(□虐儿□虐待配偶□虐老□其他_____)	17	□其他暴力/虐待,请说明:_____
其他问题			
18	□政策(了解/申请/办理/办理跟进)	19	■经济援助
20	□司法矫正/安置帮教	21	□法律咨询/援助
22	□其他(注明):_____		

2. 主要问题/需要排序(列出序号):19、1

＊本表第一、第二部分可由案主自行填写或社工代为填写

第三部分:预估及行动建议

表征问题/需求评估
案主丈夫在晚饭时处理鱼时被鱼刺伤,因肝病加上鱼刺伤导致案主丈夫患海洋创伤弧菌。由于治疗费用高昂,案主及家庭无力承担。
同工初步分析及建议(简述跟进思路)
1. 案主丈夫急需治疗费用,社工需要为案主提供资源链接及强化案主的社会支持网络,提供经济援助; 2. 处理案主及家庭情绪压力,减缓案主、案主女儿焦虑情绪。

续表

危机因素	
■无 有(请注明)： _____	危机因素判别标准： ① 服务对象表现情绪非常低落，或非常高涨，有自残、自杀或伤人、杀人倾向。 ② 服务对象正遭受勒索、恐吓等非法行为的迫害，其人身安全受到威胁。
■无 有(请注明)： _____	③ 属于"非完全民事行为能力人"的服务对象(包括18岁以下青少年、智障人士、患有阿尔茨海默病的长者、精神障碍人士等)计划采取或已发生可能危及自身安全或产生严重后果为：例如离家出走、未成年人怀孕等。 ④ 服务对象已做出、正在从事或计划中的行为有犯罪风险。 ⑤ 服务对象的居住环境或会对其安全存在威胁(例如服务对象住在疑似危楼内)。 ⑥ 其他：例如工作人员认为可能会对服务对象或其他人的生命安全构成影响或威胁的情况。

当事人是否愿意接受跟进服务(详见服务同意书)：■愿意　　不愿意

*专业个案必须有服务同意书

第四部分：个案委派审批

1. 个案需要跟进：■是　　否
2. 个案委派/转介予：_____

项目主任审批	是否同意开案：■是　　否 审批意见： 签名：　　　　日期：
督导审核	 签名：　　　　日期：
负责社工回应	 签名：　　　　日期：

项目二　个案服务计划书

"计划"是一个理性思考及做决定的过程,包括制定目标及选择为了达到目标而采取的行动。① 制订服务计划是明确目的、订立目标和决定具体介入措施的过程。基于对服务对象问题的理解,通过预估阶段的探索,收集额外的资料对服务对象有完整的了解,在解释清楚的基础上寻求办法解决问题是此阶段的主要任务。制订计划需要将所有与案主问题有关的背景资料综合起来,不仅包括案主个人系统、案主的家庭系统、社区环境以及案主的经济状况、就业状况等,还包括案主的求助过程以及对问题的界定、解释问题的理论架构等。

一份有效的服务计划既要减少和目标无关的一些不必要的活动,又不能只着眼于某个或几个因素,而应该对构成案主问题情境的系统因素有完整认识,从而提高案主的个人能力,达到促使案主改变的功能。

一个计划应该具体说明计划中每一个部分和行动的理由。服务计划书需要具体说明做什么、为什么要做、谁做、怎么做等。制订服务计划要处理的问题有:提供什么服务以及如何安排、预期会有什么结果、如何评估计划的成功与否。

具体来说,计划书的内容涉及以下几点:

① 案主的基本情况:姓名、年龄、性别、家庭成员、职业、文化程度、开案时间等。

② 案主的需求/问题:案主自述需求/问题,评估诊断后重新确立的需求/问题。

③ 本计划预期达到的长期目标和短期目标,分阶段完成后,最后达到改变的总目的。

④ 针对分目标而开展的工作,包括工作内容、工作时间、地点、参加人员、人员分工、是否需要其他资助(如经费)等。

⑤ 评估时间及方式:达成目标并不是没有时间限制的,规定明确时间有助于工作者和案主有效利用资源,提高工作效率,能使案主有信心在一定时间内解决问题。

---

① 王思斌:《社会工作导论》,北京大学出版社 2011 年第 2 版,第 186 页。

为确保服务计划的切实可行,工作者特别需要应注意几个问题:① 受社会工作专业价值观的制约,制订服务计划时必须由工作者和服务对象一起完成,以服务对象为中心,注重服务对象在制订服务计划过程中的参与;② 尊重服务对象的意愿;③ 计划要尽可能详细和具体;④ 能够总结和度量,为评估打好基础。

一项服务计划的制订要在社会工作者和服务对象的共同参与下完成,包括目标设定、行动方案以及双方分工和各自承担的责任。当行动计划完成后,社会工作者要与服务对象签订服务计划,以保障计划的实施。签订服务协议的过程本质上是整个社会工作介入行动的有机组成部分。在此阶段,主要使用的文书有:社工和服务对象共同制定《个案服务计划书》(见表2-1)。社会工作的协议可以是书面协议,也可以是口头协议。如果采用书面协议,一般须列出各项工作目标以及双方的义务和责任,因此服务对象需要签署《个案服务工作协议》。

表2-1 个案服务计划书

个案编号:

基本信息	姓名		性别		年龄	
	住址		职业		籍贯	
问题界定						
工作目标						
理论依据	(工作者结合资料收集情况和服务对象对问题的表述,根据"生理-心理-社会"模式对问题的性质、成因进行分析。注意理论的运用须与案例结合起来分析)					
介入策略	(针对各系统采取介入行动,确定各阶段任务,时间安排,介入行动的内容、方法、介入重点等)。					
评估结案	(评估方法、工具等)					

知识点1：制定目标

目的和目标是社会工作介入要达到的最终成果。所谓目的，是指介入工作总体要达到的方向和最后的结果，是工作的大方向，通常是不可测的。它是服务对象想要达到的境界的宽泛的、总体的陈述，是社会工作者和服务对象通过努力期望最终达到的总目标。为了达到这个总目标，需要设定许多具体目标。因此目标则是为了实现最终结果在工作的过程和中间阶段要获得的具体的、近期的阶段性成果。可见，目的是介入工作的长远目标，目标则是每个阶段的近期具体计划。只有实现了一个个具体的目标，才能达到总体的目的。在与案主建立目标时，可以使用SMART方法。即具体的（Specific）、可量化（Measurable）、可达到（Achievable）、现实性（Realistic）、有时间限制的（Timely）。根据Egan的观点，好的目标应该是"一个结果"，而不是"一个过程"。如"减肥"是一个过程，而"减少到125斤并维持六个月"是一个成就。第二，有效的目标应该简约具体，而不是模糊的解决方法或一般的任务表达。"学习进步"不是具体的，而"学期结束后，各科成绩均能及格"更加具体。第三，有效的目标要用统一被理解、测量的词语来描述。目标达到时，案主和社工都应该认识到，并知道何时完成了目标。如"感觉好些"这句话本身很难识别，不能被测量。如用以下指标——睡眠很好（至少每晚睡七个小时，每周持续超过五天）；保证一日三餐；在沮丧情绪测量中成绩提高15%。这些指标则具有很好的测量性。第四，目标应该立足现实。对处于某种特定情境中的案主激发动力、提供机会、资源、理念和能力，建立的目标要具有达到的可能性。对于一个从未考试及格的学生来说，要使他的成绩全部达到优秀是不现实的。第五，有效的目标要有时间表，社工和案主都要清楚何时可以完成目标。

例如，父母希望社会工作者帮助案主提高自制力、改变不良的学习习惯是服务介入希望达到的目的。但是什么才是"良好的学习习惯"呢？这需要我们对此进行具体地界定和描述，即通过设定一些具体的措施和指标来逐步实现良好的学习习惯。这些措施如"按时上学，不迟到"、"在规定的时间内完成作业"、"不懂的问题及时问老师或者同学"等。

对初次参加社会工作专业实践的社会工作者而言，总是希望找到一些普遍适用的方法。但在实际工作中,社会工作者在设计服务计划时越具体,就越能够将其与案主的实际生活结合起来。① 例如,"鼓励服务对象和母亲一起做一些力所能及的家务,改善服务对象与母亲之间的沟通与交流",在这项服务计划的介入点设计中,社会工作者只是模糊地提到了"做一些力所能及的家务",并没有具体地指出来;"肯定和鼓励服务对象希望提高学习成绩的愿望",在这项服务计划的介入点设计中,社会工作者对"希望提高学习成绩"的界定太宽泛,没有具体谈及学习的科目和提高的程度。这样,在实际的专业服务介入活动中,就会出现服务介入活动模糊不清,从而无法达成服务目标的情况。

1. 制定目标的步骤

(1) 识别问题,工作者重述案主的问题,以便再次明确问题;

(2) 澄清问题,协助案主列出与问题有关的问题,以便再次确认问题的重点;

(3) 解决次序,协助案主确定问题的优先解决次序;

(4) 建立目标,协助案主明确想要的结果。

2. 目标的内容与层次

在制订计划时,首先要设定的是总目标。它是案主最终期望达到的理想结果,是一种较宽泛而长期的总体目标。

为了落实总目标的达成,社工通常需要与案主一起按照情形的变化与时间的进度,细化出一系列的子目标,即具体目标。与总目标相比,具体目标应该是现实可行并能够测量的。

此外,在具体目标之间还需有层级的变化,以逐步促成总目标的最终实现。所以,社工和案主往往会一起设定多个具体目标来实现一个单一的总目标。

示例②

王先生前来社工机构求助。他的 15 岁的正在读初二的儿子已经两周没有到学校上课了,原因是孩子平时总是难以顺利地完成作业,并迷恋上了电脑游戏,为此与父母发生了激烈冲突。孩子自小被爷爷奶奶宠爱着,任性、散漫,不认

---

① 童敏:《社会工作专业实习—常见疑难问题及其处理》,社会科学文献出版社 2010 年版,第 52—53 页。

② 郑宁:《个案工作实务》,高等教育出版社 2013 年版。

真写作业,好吃懒做,甚至有逃学等学习和生活上的"坏习惯",尤其进入青春期后,常常与父母顶嘴,难以管教。

孩子最近又与学校班主任接连发生矛盾,索性拒绝上学了。昨晚班主任打来电话说,如果孩子再不去上学,就要受学校处分了。鉴于孩子和老师的矛盾,王先生和家人也考虑是不是给孩子换学校,但又没有这方面的资源。为此,王先生焦虑万分,希望学校社工给予帮助。

总目标

社工经过与王先生的分析与讨论,明确了目前的工作方向,其工作目标就是要使王先生儿子重新回到学校中,恢复正常的学习和生活。

阶段性目标

第一阶段:使该学生能够面对目前的学业危机,客观地选择走出困境的办法。

第二阶段:使该学生能够重新回到学校上课。

第三阶段:能够巩固其返校的成效,减少和避免出现反复。

第四阶段:改变学习状态,形成良好的学习习惯。

知识点 2:理论依据

根据大卫·豪对社会工作理论的分类,主要包括支持社会工作的理论和社会工作理论两大部分,两者相互依存,彼此贯通。其中支持社会工作的理论是对社会工作所涉及的要素进行解释的理论。包括关于人及社会本质的理论,人与社会关系的理论,人类心理与行为的理论,社会结构、社会制度的理论等等。这些理论为社会工作服务提供了理论基础,能够帮助社会工作者更好地理解服务对象及其所生活的社会,从而支持着社会工作实践的发展。社会工作理论是关于社会工作的性质、目的、过程与方法的理论。

撰写个案服务计划的理论依据时一定要遵循逻辑服务,不能出现理论是理论、行动是行动的相互脱离现象。首先需要明确案主目前出现的问题是面临怎样的情境,即问题发生的背景;其次,问题中呈现出的冲突是什么;基于对问题冲突的理解的基础,提出理论或证据,客观呈现理论的全貌;最后将理论背景、假设与问题进行比较,找到理论解释和介入点,指导后续的介入过程。

"在一线社会工作者文书撰写工作中,常见的问题是社工倾向于先设定一般的问题情境,然后再依据情境套用某类理论加以解释,缺乏内在逻辑性。"任何一

个问题情境,皆可以从多方面的角度去分析,不同的理论会引申出不同的介入点。以青少年在戒毒后重沾旧习的问题为例:

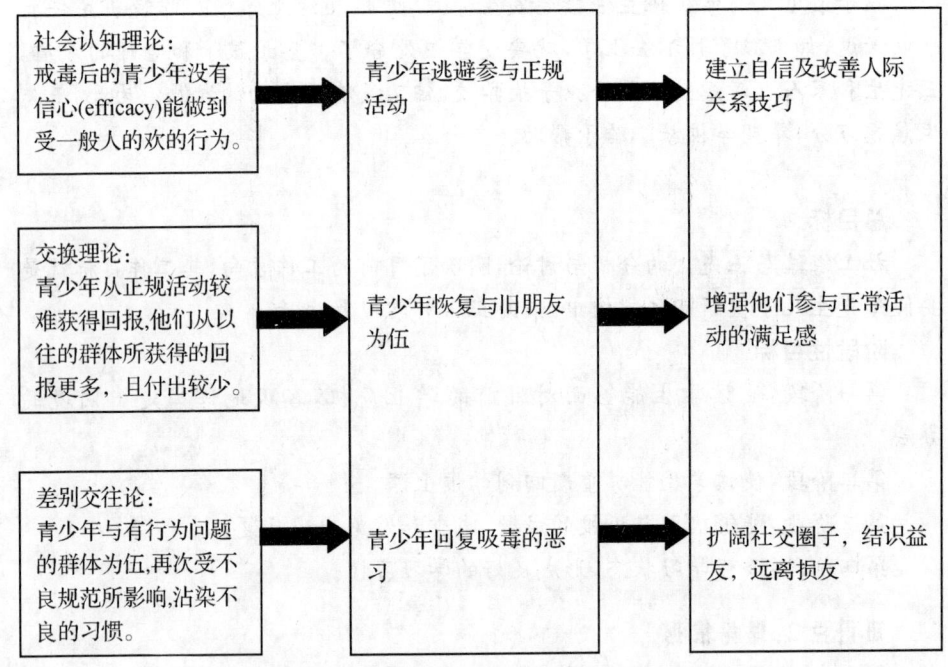

图 2-1　运用理论界定工作介入点①

知识点 3:介入策略

当工作目标制定好后,接下来社会工作者需要与服务对象讨论如何实现既定的工作目标,即制定行动计划来实现目标。很多办法都可以达到目标。有的方法要求人改变,有的需要环境的改变,有的需要两者都加以改变。介入策略就是社会工作者介入服务对象需要与问题整体方案,从而改变服务对象系统态度和行为的一套方法。主要包括:介入的技巧、工作者的角色和所担当的任务。社会工作者的角色往往包括社会经纪人、促进者、教育者、倡导者、调解者和社会控制者。介入的策略是多层次介入,包括直接提供服务和间接介入策略。直接介入行动和策略是与服务对象系统一起行动,帮

---

① 张兆球,苏国安,陈锦汉:《活动程序:计划、执行和评鉴》,香港城市大学出版社,2011年,第44页。

助他们更好地应对人生任务和环境的需要,减少由社会功能问题而带来的不利影响。包括:促使服务对象运用现有资源、危机介入、以活动作为介入、调解行动、运用影响力等。间接介入的行动策略是社会工作者代表服务对象采取行动。包括:运用和发掘社区人力资源、协调和连接各种服务资源与系统、创新资源、改变环境等。例如,某位遭受家庭暴力的案主,工作者要鼓励施暴的男性寻求咨询,提高夫妻沟通交流的能力,从而减少未来施暴的可能性;或者可以邀请他参加施虐者组织的治疗小组。对女性案主而言,了解法律解决家庭暴力的知识,可以寻求一个安全的地方等。对环境的改变最终也会带来对人的改变。

示例:个案工作介入离异家庭儿童学业的介入策略[①]

传统改善儿童学业成绩的方法有以下两种形式,一是课后辅导班,二是家教。前者以盈利为目的,管理不规范;后者主要为考前冲刺补习,属于临阵磨枪式,花费大,没有长期的效果。因此,传统的改善儿童学业问题的方式很显然不适合现在的教育改革的形式。基于上述分析,个案工作从专业角度出发,秉承以人为本的价值理念,帮助离异家庭儿童改善学业问题困境,提高学业成绩。

以社会生态系统理论为指导,从微观到宏观多层次出发,为案主提供全方面的介入策略,帮助案主解决学业问题,促进案主健康成长。

1. 案主自身方面

工作者与案主进行个案会谈,每周安排两次。周一主要是和案主制定一周的学习计划,周五做好每周的总结,以观察案主的变化,有效评估会谈效果,及时修正个案工作的不足,不会让案主有明显的紧张感。随时关注案主的积极变化,做好相关的记录并加以鼓励。通过与案主的沟通,必要时调整方案及目标。个案访谈中以优势理论为指导,积极倾听、真诚关注、尊重和接纳、提问等,综合运用各种技能,发现案主的问题,并为案主提供支持鼓励和建议。个案会谈中以社会生态理论为指导,掌握案主现在的思想、情绪变化,对问题的看法,对现在自己状态的满意程度,对自己的期望值,对今后的打算以及对自我的评价。

2. 对案主家庭方面

案主生活在离异家庭,精神上缺少父母的关爱,物质上也没有足够的生活来

---

① 李婷婷:《个案工作介入离异家庭儿童学业问题研究—以沈阳市某小学学生F为例》,硕士学位论文,辽宁大学社会工作专业,2016年,第25页。

源。因此,首先,促进家庭的完整性是工作的重点。其次,加强亲子关系的建立,让案主理解母亲,重建信心,提高动力,需要母亲多陪陪孩子。社会工作者可以通过家庭访视,深入了解家庭状况,关注家庭中的整体。因此,工作者通过与案主的母亲进行会谈,了解案主的日常生活状态,并发现案主的需要使接下来的工作更有针对性。

3. 对案主学校方面

学生的健康成长是校内教育者的共同的目标和心愿。教师及学校的管理者是社会工作者介入学生案主的重要资源,也是社会工作者开展学校社会工作的重要依靠者和支持者,同时也是解决学生案主问题的重要背景。通过问题预估,采用增能理论增进学校与案主之间的相互了解,挖掘和激发案主的潜能,增强案主的自信心,并与案主的班主任进行面谈,发现案主在学校生活中面临的哪些问题促使案主学业成绩的下降。

示例:社交恐惧症个案工作的服务计划书[①]

个案服务计划书

一、个案基本资料 　　文先生,男,29,上海人,中专毕业,目前无业,与父母分居。
二、个案背景陈述 　　文母打电话到机构求助。工作员先与文母面谈,了解基本情况,然后找案主面谈。因为案主与父母不和而分居,因父母要求,工作员没有提及是其母亲求助,而是以抽样访问社区少年的名义结识案主。 　　1995年毕业于某机电工业学校(中专),毕业后在某厂担任技术工人,本来签订5年合同,但1998年就被单位指定协保回家了。之后换过四五份工作,如保险、物业维修等,没有一份工作超过3个月,都因为无法与同事相处而离开。 　　与父母关系恶劣。原来与父母同住,但很少说话,不同桌用餐,曾经因为母亲去单位求情而发怒砸烂家电。去年年底搬出来,父母住同一栋大厦的14楼,但很少来往。只是拿饭盒下去打饭上来吃,父母送东西上来也只让放在客厅,不许其进房间。 　　很少出门,已经近10年没有和朋友一起出门了。现在偶尔独自外出,也是去图书馆或者看电影。绝大部分时间闷在家里。 　　喜欢佛教。以前在家里大声播放佛教经文,邻居很反感。现在主要看佛教方面的书,每天念经、打坐修炼。

---

① 何明宝等主编:《走向社工——专业社会工作实录》,上海人民出版社2004年版。

续表

三、主要问题	性格孤僻，社交恐惧

四、问题分析
　　案主读中专时非常希望与同学建立良好的人际关系，但是经历了"最好的朋友背叛自己"的挫折后，案主产生消极、冷漠、攻击的行为反应。这种反应带有自欺欺人、自我麻痹的性质，中心就是围绕自己，消极地逃避现实而不是面对现实。

五、工作目标
　　1. 减少孤独感
　　2. 提升社会交往的动机与自信
　　3. 以正面的信念看待社会现象

六、理论依据
　　认知行为矫正（简称CBM），他的自我指导疗法，基本上是认知重建的一种形式，主要在于改变当事人的自我预言。自我陈述对一个人行为的影响就像别人的话所带来的影响一样多。CBM的一个基本观点是"行为改变的先决条件是当事人必须注意他们如何思考、如何感受、如何表现及如何对别人产生影响"。为了要产生改变，当事人必须介入其行为的内部对话中，如此他们才能在各种情景中评估自己的行为。

　　（一）假设
　　行为改变是通过一系列的中介历程，包括内在语言的交互作用、认知结构、行为以及因行为而产生的结果而发生的。人们对自己所说的什么话会影响（决定）他们对其他事情所采取的行动。认知机能评定的目的就是指评定人们的内部对话是如何影响行为的、如何受到其他事件或行为过程的影响的。

　　（二）内部对话的机能
　　人际语言与内在语言有着非常相似的形式，他们都为中介性行为提供了某种程度的原则和作用。因此，自我指导和人际指导的内部过程有着相似的形式。内部对话还可以影响到人们对压力的反应。人们对于压力的反应在很大程度上是受到人们对压力源的评价、对自己感到的唤醒的归因以及对自己的应付能力的自我预言等因素影响的。
　　认知也可以影响到生理反应和情绪状态。在心境和自我预言之间有着某种关系。思想可以影响行为。如果我们要改变行为，那么我们就必须在行动之前先想一想。这样的思想能使不适应行为"去自动化"，即"去习惯化"并为新的适应行为提供基础。
　　内部语言的第二个重要机能就是对认知结构的影响和改变。认知结构可控制并影响思想策略，寻找并选择某种思想。学习新的技能需要认知结构的改变。认知结构有三种形式：吸收、替代和综合。认知结构决定了内部语言的实质，而内部对话又可以改变认知结构，这是良性循环。

续表

七、介入策略与介入行动
介入策略：采用认知行为矫正法，但是要注意以下几点： 　　1. 工作员必须与当事人建立协同合作的关系，案主须认同工作的目标并积极配合完成整个过程； 　　2. 案主的心理困扰大部分是认知历程受到干扰造成的，为了改善其情绪状态和行为，必须改变认知，也就是改变案主的一些基本信念； 　　3. 家庭作业很重要，除"一对一辅导"之外，工作员需安排案主进行积极的行动，使用各种认知技术与行为技术来导致案主的改变。 介入行动： 第一阶段：自我观察 　　协助案主学习和观察自己的行为，认识到自己的内在对话主要由负向的自我陈述和现象以及消极的信念组成。案主应明白，在辅导过程中，自己需要建立一个新的认知结构，使自己能用新的观点来看待自己的问题。这种重组概念的历程是需要经过案主本人和工作员的共同努力和配合才能达成的。 第二阶段：开始一个新的内部自我对话 　　如果案主希望改变，他对自己所说的话必须能引起一个新的行为链——一个与他不适应行为不能兼容的锁链。案主学习改变那些使得他产生不适应行为的内部对话。他的新内部对话引导出新的行为，这是认知重建的结果。 第三阶段：学习新技巧 　　教导案主学习更有效的因应技巧，并在现实生活情境中加以练习。认知重建可帮助案主改变对社会交往以及社会竞争的消极看法，因此能使他更愿意参与所期望的社会活动。协助案主观察和评价新的行为的结果。当在情境中表现不同时，案主可以观察到他人不同的反应，并从中得到鼓励。使得案主学得新技巧更加稳定，行为有更明显的改变。
具体方法可以是： 　　(1) 投其所好，介绍一些对佛学比较精通或者感兴趣的朋友，一方面可以减少其孤独感，另一方面可以与其对证，改变案主的消极信念，提升社会交往动机和自信。 　　(2) 引导案主参加社区青少年俱乐部的沙龙活动，应用在辅导中习得的因应技巧，观察和评价新的行为的结果。
评估结案 　　1. 案主自我表述，如孤独感程度、对社会交往及竞争的看法等。 　　2. 工作员的观察，如交往中的表现。

　　注：此计划基于《走向社工——专业社会工作实录》中社交恐惧症个案工作的案例内容进行选择调整。

项目三　个案服务过程记录表

介入是实际执行服务计划,满足服务对象需要和实际解决问题的行动阶段,也是个案工作的最终目的。本阶段是指一连串的计划执行过程,由于采用的方法包括行为修正、家庭治疗和其他取向,使得我们难以描述计划的具体执行情况。因此,如何做好个案服务过程记录,尽可能详细、真实地记录服务的过程、评估和跟进过程,不仅能反映服务的实际情况,而且能把握服务工作的工作品质和成效,在评估、培训、督导、咨询、转介和基础性研究中有不可忽视的功能。个案服务记录通常指文字记录,是工作者以专业知识为判断的基础,对与案主互动过程中的有关情况进行条理性文字记录的活动。社会工作者在与案主的整个接触过程中,把案主的情况及其处理过程详细记录下来,工作者通常在会谈结束后马上将会谈的重要内容记录下来以免遗忘。好的个案工作记录是一个良好的实施报告和良好的思考内容,一个好的个案工作记录是社会工作者良好服务的基本要素,两者是不可分的。[①]

为了便于工作者作分析、回顾、评估和存档,实际工作中根据记录的不同目的,个案工作记录可大致分为过程式记录(见表 3-1)和摘要式记录(见表 3-2)。

表 3-1　个案面谈记录表

个案编号:　　　　　　　　　　第_____次面谈

日期/时间		地点		参与人员	
对话过程		案主的非言语		工作者的感受和分析	
工作员:请坐,我给你倒杯水		说话的声音很小,不敢抬头看工作者,双手紧紧握住杯子,很紧张		案主很紧张,首先需要舒缓紧张的气氛和案主的情绪	

[①] 黄维宪、曾华源、王慧君:《社会个案工作》,中国台北:五南图书出版公司 2001 年版,第 296 页。

续表

......	......	......
工作者反思	（工作者对这次会谈的总体感受和建议）	
工作计划	（工作者对下次会谈的计划和安排）	
督导意见		
审批签署	社工签名	日期

表3-2 个案面谈记录表

个案编号：　　　　　　　　　　　　　　第_____次面谈

日期/时间		地点	参与人员
面谈目标			
面谈内容	主要问题		
	问题产生的原因		
	案主曾经做过的努力和支持系统		
	问题可能的解决策略		
	工作者反思及下次会谈安排		
督导意见			
审批签署	社工签名		日期
	督导签名		日期

知识点1：记录形式

个案记录的方式和种类根据机构服务的功能与需要有所不同，一般包括[1]：

① 流水账式：将所有有关案主的资料全部记录下来。优点是内容详尽，缺点是浪费时间，且缺乏条理性。

② 对话式：主要是记录案主与工作者在会谈过程中，彼此的互动和沟通内容，这种方式是最详尽的记录，使阅读者能够了解案主内在感受、会谈技巧与案主和工作员的互动过程等。这种方式适用于教学及督导新进的工作者。

③ 分段式：以事情发生先后顺序，分段记录并加上标题，内容清晰可见，这种方式的个案报告最为实用。

无论哪种记录方式，记录内容通常包括案主的基本资料（如姓名、性别、年龄等）、案主的问题、案主对自己的看法以及社会工作者对案主问题的分析、处理经过等。

知识点2：记录内容

个案服务过程记录的主要内容包括：服务过程、进度安排、重要变化、分析、建议跟进的计划。

1. 过程式记录的内容

过程式记录，又称叙述性记录或对话式记录，一般当需要工作者报告所能记住的尽可能多的事实时采用这种记录形式。针对从对个案接触到结束的整个专业服务过程，所发生的任何事件及内在感受与外在口语或非口语的信息，均予以记录。过程记录的内容可以随着实际情况的需要，采用逐字逐句的叙述记录，也可采用简单叙述的方式描述整个个案会谈过程，而非准确地记下每一部分，此种记录又称为浓缩式记录。会谈的过程式记录能弄明白会谈中工作者与案主双方的互动过程，形象地展示整个个案过程，并能更好地理解相关的动力，常被用于教育训练、实习或对新进社工进行督导与训练。

运用这种记录形式时，必须做到保密。如作为教学案例，必须进行技术处理，使有关的人和情景完全不能被认出来。实际操作过程中，可根据机构、案主的需要和问题采用自己风格的记录方式。

---

[1] 潘淑敏：《社会个案工作》，中国台北：心理出版社2000年版，第328页。

(1) 案主的基本资料:会谈日期、时间、工作者和案主姓名、案主的相关资料和会谈的次数、个案编号、案主的健康和家庭状况,如居住状况、家庭成员、兄弟姐妹等;

(2) 记录案主与工作者的会谈内容,基本上要做到逐字逐句记录;

(3) 记录案主和工作者的语言与非语言行为、案主的感受和情绪表现,让当时的互动情境鲜活地呈现出来;

(4) 记录诊断性摘要、工作者的分析思考、工作者的介入手法、案主对工作者的反映和反馈、工作者对服务过程、介入方法技术的反思,以及工作者对这次会谈的检讨和对下次会谈的思考和安排,及时做出调整跟进计划。

因为这种记录方式非常耗时,所以它不能运用到每一个个案及情境中,而应该谨慎运用。对大多数情况而言,使用摘要式记录更合适。

示例:过程式个案服务过程记录表[①]

服务对象背景资料

杨某,男,77岁。经机构人员介绍,老人杨某由于曾经患过脑溢血,所以过分强调自己身体不好,不愿出去参加康复锻炼,主要的活动空间局限于房间。工作人员认为应适当地给予杨某以心理疏导,增强他的正面反应。

案主的基本情况

1. 杨某有两个女儿,一个女儿在上海,另一个女儿在外地,老人离休后就离开上海与女儿共住。杨某4年前得了脑溢血后就在某区福利院生活,5个月前又搬来某市社会福利院生活。

2. 杨某身体状况不好,患有多种疾病;1998年患有脑溢血,由于小脑受损,留下了身体平衡性差的后遗症,走路需要拄拐杖。另外还有血管硬化、胆结石、供血不足等慢性疾病。

3. 杨某是离休干部,所以在经济方面没有什么问题。

4. 杨某比较善于谈吐,情绪比较稳定,谈到自己的身体状况时会流露出一丝担忧。

5. 杨某与子女关系良好,老伴已经去世了。

6. 居住在上海的女儿经常会来看他。老人也能体谅女儿工作繁忙。

---

① 何明宝等主编:《走向社工——专业社会工作实录》,上海人民出版社2004年版。

第一次面谈记录

面谈目的:与案主初步接触、了解案主的基本情况以及对案主做出初步的评估。

面谈过程:

过　程	工作者的感受与分析
社工:杨伯伯,您好!我是复旦大学社会工作专业的研究生,今年暑假来福利院实习,所以想找您聊聊。	工作员先自我介绍,让案主明白对方是谁
案主:哦,复旦大学啊,我也是50年代从复旦大学毕业的。	案主表现出热情与关注(表情:惊喜)。从案主的外表来看,气色不是很好,脸显得有些苍白,由此判断案主不太去户外活动。
社工:哦,那我们是校友。	工作员立即给案主以回应,建立初步的良好关系
案主:我是50年代历史系毕业的,1996年母校聚会的时候我碰到了好多同学,其中有几个现在都是大学的教授。他们也是从事社会工作研究的,我知道社会工作不简单呀! 社工:杨伯伯,您知道社会工作? 案主:大体上知道一点。 社工:真是不容易,您能知道这么多。	案主表现出对社会工作的认同。
案主:不瞒你说,我订了好多报纸,天下大事我都知道的。	
社工:杨伯伯,那您能不能跟我介绍一下您平时在福利院的生活?	工作员尝试着引导案主自己讲出主要的话题。
案主:我入院5个多月,由于身体不好,平时在福利院主要待在房间里,走廊里人少的时候我也会到廊走走。	能够明显地感受案主对自己身体状况的强调。
社工:哦,杨伯伯您身体不好吗?	工作员立即做出正面的回应
案主:我1998年得了脑溢血,由于受损,所以现在的后遗症就是走路时重心不稳,平衡性很差,需要借助拐杖走路。我还有其他毛病,例如:血管硬化、胆结石、供血不足等。	

续表

过　程	工作者的感受与分析
社工：哦，是这样，不过您也不要太担心。	工作员对案主表现出同理心，并给予安慰。
社工：杨伯伯您有没有在院里接受一些康复训练？	工作员试着了解更多。
案主：有过，不过没什么用。没有坚持下去。 案主：什么音乐治疗啦，脑部磁疗啦，都没什么用的。	老人的表情显得不屑一顾，很显然对机构的康复护理工作不是很满意。
社工：为什么接受康复训练没有用？	工作员试着让案主讲出更多。
案主：我不喜欢锻炼，我脑溢血以后走路不平衡，怎么锻炼呢？何况锻炼也没什么用，我人老了，就像机器一样老化了，再练也没什么用。 社工：杨伯伯您在这里有什么期望吗？ 案主：福利院对我们这些老人不懂得如何更好地服务，没有服务理念，他们只知道管理。 （由于快到中午吃饭时间，工作员结束了与案主的交谈，并告知今后会经常去看望他。老人非常热情地起身相送）	工作员意识到原来杨伯伯潜意识里存在一些非理性认识，对于生命的态度比较负面，但杨伯伯对机构的评价倒有一定合理性，这可能也是机构今后工作的方向。

工作员评估：

通过与杨某的初步接触，感觉老人十分善于谈吐、性格开朗，而且对人也比较友善。表面上似乎很难觉得老人有什么特殊的需求，但仔细分析，感觉老人对待生命的态度似乎不是很积极，只是过多强调自己的身体状况，却完全没有意识到应该如何采取积极的办法去应对。老人潜意识里存在一些非理性认识。机构对于老人的状况有所了解，但是如何积极地去帮助老人增强正面的认识似乎也没有给予很多的帮助。

2. 摘要式记录的内容

摘要式记录需要对材料进行一定的加工，根据某种格式把材料放入其中，其记录的形式是结构式的。摘要记录的形式主要根据机构服务的目标与政策而定，尽管各类机构具体规定不同，不过至少应该包括：基本资料、个人发展史、干预行动计划、定期性的记录与行动相关的信息、结案的描述及社工反思陈述等。摘要式记录以简短、易用为主要原则，记录重点则较偏重于发生在案主身上的事情,而非社会工作者对服务的反省与思考。摘要式记录在那些长期的、正在与案主接触的并涉及一系列专业人员的服务案例中尤为重要,摘要式记录刚好可以提供对案主的完整的印象。

摘要式记录的内容:
① 描述案主面临的问题;
② 描述案主产生问题的原因;
③ 案主曾经做过的努力和支持系统;
④ 工作者提出的案主的问题可能的解决策略;
⑤ 工作者对会谈过程的方式以及下次会谈的安排。

实际操作过程中,可根据机构、案主的需要和问题采用自己风格的记录方式。

另外,根据机构的需要采取不同的摘录形式也有一些特定的要求。
① 诊断摘要记录:当资料收集到某种程度,必须针对资料加以组织分析,以探究案主问题产生的可能原因,及可能提供的服务。诊断记录内容包括个人社会史、家庭活动动态关系、问题发展史、处置计划四个部分。
② 定期摘要记录:提供服务一段时间后,通过评估检阅任务计划的实施是否妥当。内容包括案主的概况、问题改变情况、下一阶段的处置计划和步骤等。
③ 转案摘要记录:因各种原因或需要转案时,应主动撰写转案记录。内容不能只是简略地摘要个案记录,还应包括机构所做的处置内容。
④ 结案摘要记录:检讨服务内容与反思的适当性,确认案主的需求是否妥当处置。包括何时、何处及如何结案。

示例:*摘要式个案服务过程记录表*

第2次会面记录摘要[①]

服务对象背景资料

精神分裂症康复者张某,男,30岁,从小内向,不愿意说话。1992年中专毕业后参加工作,1994年的一天突然回家说不做了,因为和师父闹矛盾。家人带他去医院看病,经诊断确定是精神分裂症。家人估计是因为其性格缘故,在工厂遭排挤而受到刺激。曾住院两个月,出院后一直在家康复,坚持服药,精神状态清醒,言行正常,生活可以自理并从事家务。平时喜欢看电视和读书,尤其喜欢

---

① 何明宝等主编:《走向社工——专业社会工作实录》,上海人民出版社2004年版。

足球、历史、地理。张某认为自己有病,反应慢,脑子不灵活,会被人笑话,很自卑,不愿意出去找工作。

患者的母亲徐阿姨,55岁,退休,本不愿意接受工作员的访问,认为对自己不会有什么帮助,在居委会工作人员的劝说下,才请我们进门。因为儿子生病的缘故,她不愿意和邻居交往,也很少外出参加社区活动,总是闷在家里。对儿子经常看不顺眼,经常唠唠叨叨,希望儿子能够外出工作。儿子患病给她带来很大压力,经常比较情绪化,与儿子有冲突。张某有个弟弟,在某大学读书,住校,平时很少回家。

个案编号：_____

日期：2002.7.28 时间/时长：10:00—11:30 面谈地点：个案室 跟进社工：李社工 服务形式：面谈 参与会谈人员：徐阿姨、张某、李社工		
过程记录	本次面谈目标	1. 促进家庭成员间形成健康的沟通方式； 2. 了解张某的就业观念
	本次面谈内容	1. 了解家庭成员间的沟通方式 　　当张某做错一件事时,徐阿姨就会唠叨不休,翻出很多"旧账",并埋怨张某生病后人变笨了,什么事情都做不好;徐阿姨希望张某出去找工作,但张某不愿意,徐阿姨会说"你现在每个月只拿280块钱,只够喝粥的,还要靠我来吃饭";当某对妈妈的唠叨、埋怨厌烦时,他也会变得不耐烦,顶几句嘴,或者干脆不理睬她。 2. 共同讨论这些沟通方式存在的问题,寻求改进方法 　①与康复者说话要清晰、简洁,不要唠叨不休,否则会让康复者情绪烦躁; 　②康复者因受病症及药物影响,大都不能接受太复杂的信息,在交流中反应有些慢,应该给予其充分的体谅而非批评; 　③不要过多与康复者争论。若有不同意见,只要表达自己的意见就够了,过度强调试图强迫其接纳自己的想法往往适得其反; 　④给康复者表达自己看法的机会,等康复者讲完再说话,对话要平等; 　⑤康复者做错事时,要就事论事,可以与其进行讨论,但不要把"陈芝麻""烂谷子"的事情都搬出来,特别是不要过多涉及病情; 　⑥可以适当与康复者订立一些沟通的基本规则。

续表

过程记录	本次面谈内容	3. 了解张某的就业观念，鼓励其外出找工作 张某认为自己生病后脑子变笨了，事情做不出来，没有单位会要自己而且认为自己生病是因为倒霉，还会连累家人倒霉。所以觉得还是待在家里好。工作员对其进行鼓励。 4. 替张某申请一个免费邮箱，并教会其收发邮件 张某学习很快。家里有计算机，但是他只会打游戏，弟弟从没有教过他其他用法，现在会上网、会使用电子邮件，张某很高兴。 5. 安排家庭作业 （1）请张某思考自己今后要做什么类型的工作，并征求其妈妈的意见 （2）请张某在下次见面前用电子邮件与工作员保持联络
	社工评估分析	
	跟进计划	接下来一周内给张某发了三封电子邮件，第二封收到了回信，但只是简单的英文单词，打电话去问，原来张某不会打字，是求弟弟帮忙写的。问张某是否愿意学习打字，回答"愿意"。第三封电子邮件中附了一个用PowerPoint制作的文件"六个生活的启示"，内容是一些生命的意义，鼓励大家创造积极生活。计划以学习打字为切入点，鼓励树立自信，准备求职。
	下次会面时间	一周后
	督导意见	督导签名：　　　　日期：

中心主任签名：_____　日期：_____

示例：个案服务过程记录表[①]

个案服务过程记录表

项目名称：××街家庭综合服务中心　　服务领域：长者领域

个案编号		负责社工			刘社工
接触对象	案主及案主女儿	年龄	62	性别	女
日期	2017年1月14日	第 2 次个案跟进		地点	案主家中
跟进方式	■面谈　□电话联系　□家访　□外展　□参加小组　□参加活动 □其他（请说明）＿＿＿＿				
本次个案 跟进目标	1. 了解案主丈夫状况； 2. 教会案主使用一类筹款软件。				

内　容	社工行动及分析
1. 社工来到案主家中，了解到案主丈夫最新的病情。了解到案主丈夫最新的病情：医生确认感染了海洋创伤弧菌，病情危殆，医院为了预防病菌进一步感染而危及案主丈夫性命，于2017年1月12日凌晨对案主丈夫的右手进行紧急截肢手术；2017年1月13日医院成功移除感染病灶，生命体征医院诊断趋于稳定。但因为创伤弧菌此时已经感染了血液造成了菌血症。随时可能会在身体内脏或其他器官复发，所以仍需要在ICU病房继续观察。截肢伤口并未缝合，医院表示需要观察伤口是否仍有创伤弧菌的存在，待几天确认没有感染了方可进行第三次手术——缝合手术。 2. 社工随后向案主讲解了轻松筹、一起帮、爱心筹软件。 　　社工：明白到苏姨和你女儿的担心。但是我想问你对于筹款的事情是怎么看待的？ 　　案主：我已经向亲戚朋友借了很多钱，已经山穷水尽了。 　　社工：那有没有想过其他的筹款方式呢？ 　　案主：没有，就是想不到办法。 　　社工：我了解到有轻松筹、一起帮这种软件，可以通过这类软件进行筹款，一定程度上可以帮助你缓解巨大的经济压力。	1. 社工让案主发动自身的社会支持系统，让其亲朋好友帮助证明事件的真实性，让案主更好地筹集相关的款项。 2. 对于此类软件的使用，社工应该避免过多地干预案主的操作，避免肩负不必要的风险。 3. 社工在案主无助的时候给予案主支持，让案主感受到社工对案主的同理。

[①] 该套表源自广州市心明爱社会工作服务中心，文书内容由刘泓滔社工撰写，个案内容已征得案主同意并进行处理，未经允许，不得转载。

续表

个案跟进概况	案主:这些是怎么操作的？ 社工:我觉得你们先写一份关于你们现状的自诉，然后将这些自述放在这些资金筹集平台进行资金筹集，这样对于解决你目前的状况会很有帮助的。这类平台需要你和你的女儿发动亲朋好友进行实名制的认证，让更多的人帮助到你们和让更多的人确信事件的真实性。 案主:好的,谢谢你。 社工:在这个基础上如果还是有资金的缺口,可以适当考虑寻求媒体和社会的帮助,我这边会再了解看看是否有其他包括(医疗救助、基金会等)帮助。 案主:谢谢。 社工:我知道你们的担心,突然经历这样的事情,换作是谁都会觉得困难重重。但是我们不能失去信心,因为你的丈夫还指望你能找到更多的钱来医治他,加油！	4. 与此同时,社工还处理了案主焦虑的情绪,将案主的焦点放在案主丈夫医疗费用的筹集上,转移案主的注意力,降低案主的焦虑情绪。
评估进展阶段	□申请与接案(求助者服务申请、接案、专业关系的建立) ■预估与问题诊断(收集资料、问题预估、问题诊断) ■制定计划(制订计划、面谈安排、接受服务同意书签订) ■开展服务(服务推进、专业合作关系的维持) □连接社会资源与协调服务 □评估与结案	
案主反馈	无	
社工角色运用	■使能者(运用自身的专业知识和技巧,调动案主自身的能力和资源,发挥案主的潜在能力,促使案主发生有效改变) □联系人(帮助案主与拥有资源的服务机构联系,令案主能获得合适的资源和服务) ■教育者(指导案主学习处理问题的新知识、新方法,调整原来的行为方式,可运用行为预演、模仿和角色扮演等方式) □倡导者(利用社工自己的身份和权利倡议机构实行必要的改革,为缺乏资源的案主争取更合理的服务,或动员案主一起争取一些合理的资源和服务) ■治疗者(运用专业的方法和技巧,消除或减轻服务对象的困扰,关注案主问题的消除) □没有或不适用(处于接案、预估或计划阶段)	
本节目标达成情况	目标达成,成功了解案主丈夫近况,且教授案主与其女儿学习了如何使用筹款软件。	

续表

项目主任审批	签名：_____ 日期：_____
督导审核	签名：_____ 日期：_____
同工回应	签名：_____ 日期：_____

项目四 个案结案报告

经过一段时间的工作,社会工作者认为最初设定的目标已实现,决定结案(或者因服务对象不愿继续接受服务而必须终止关系的结案,或者存在不能实现目标的客观和实际原因的结案、社会工作者或服务对象身份发生变化时的结案)。

该阶段的主要任务是总结工作、巩固已有改变(回顾工作过程、强化服务对象已有的改变、表达积极支持的态度)、解除工作关系、做好结案纪录。

做好结案纪录,主要包括这几个方面:
1. 基本资料:姓名、性别、年龄、联系方式等;
2. 背景资料:家庭情况、社会支持情况;
3. 主要问题:心理状况、就业问题、家庭、社会交往问题等;
4. 问题分析:问题主要由几个方面引起;
5. 服务计划:目的、目标、介入行动具体计划;
6. 介入过程:社会工作采取的介入措施;
7. 服务评估:说明目标达成、工作成效;
8. 个案反思:经验反思、不足和问题。

当工作者对个案进行了结案或者转介,终止了专业关系后,工作者需要完成结案/转介报告的撰写,这是文书档案管理中的重要一环,通常是最全面的过程记录。完成过程回顾、结案评价和分享结案感受以后,结案总结已经完成大部分工作。同时还应该记录相关信息(Wilson, 1980. 119—120):(1)结案日期;(2)题目以及社工和案主的姓名;(3)服务的起始日期;(4)社工和案主签订协议的原因;(5)达成的共识和目标;(6)采取的方式、社工提供服务的性质、社工和案主采取的行动步骤;(7)已取得成果的总结以及未解决的问题和未实现的目标;(8)对个人存在问题的简短评估;(9)结案原因。①

因此,在机构实际服务过程中,结案/转介报告中主要包括以下内容(见表4-1):

① 有关案主及其家庭的基本信息:案主的基本资料、案主的身体、心理状况、案主的生活环境信息、个案辅导期限、辅导次数等;

② 案主面临的问题:问题的类型、问题的原因、问题对案主的影响、案主曾采取的解决方法尝试;

③ 个案辅导过程:包括从接案到结案的发展过程,采用的介入方法和介入效果、目标达成程度;

④ 对结案/转介的建议,包括工作者对案主未来发展的建议、案主对结案的接受程度、跟进计划等。

表4-1 个案结案报告

个案编号:

姓 名		性别		年龄		联系电话		
开案日期				结案日期				
服务概要	面谈:次		电话:次		家访:次		陪同:次	联系家人:次
	小组活动:次		社区活动:次		义工活动:次		其他服务:次	
背景资料	1. 案主的背景资料 2. 案主的家庭结构和关系 3. 案主的社会支持网络 4. 案主的社会问题与呈现的问题之间的关系							
主要问题	1. 案主呈现出来的问题、问题的影响、案主的处理方法 2. 案主的实际问题及其原因分析 3. 工作者对案主的评估							
介入过程	1. 工作者提供的服务 2. 个案的发展							

---

① 巴里库纳耶:《社会工作技巧手册》朱孔芳、杨旭、丁慧敏译,华东理工大学出版社2008年版,第253页。

续表

服务评估 (目标达成情况)	序号	协定服务目标	目标达成情况
	1		
	2		
	3		
	备注	目标变更、情境变化或目标外的个案发展状况等需做说明	

工作反思	
跟进建议	
结束状态	☐ 结案 1. 目标达到 2. 案主提出终止服务 3. 情况有变:(如案主死亡、搬家等) 4. 其他:_____ ☐ 转介 1. 问题超出本机构服务范围 2. 服务对象非本机构服务区域 ☐ 转案
	案主知道个案已结束并知道在有需要时如何得到服务: ☐ 是 ☐ 否
督导意见:	
签署及日期	社工签名:　　　　　　日期:　　　年　　　月　　　日 中心主任签名:　　　　日期:　　　年　　　月　　　日

当案主同意转介至另一位工作者或者机构时,社会工作者应该写好转介记录,并主动和被转介机构相关工作人员联系,说明转介个案的理由,并对个案问题进一步沟通,让被转介机构与工作人员,对案主的问题有初步了解(见表4-2)。

转介个案需要提供的资料包括:

1. 个案基本信息:姓名、性别、年龄、开案日期、结案/转介日期;
2. 接触次数及性质;
3. 案主表征问题及潜在问题;
4. 个案发展历程描述;
5. 评估及诊断;
6. 曾提供的服务;
7. 未来工作计划建议;

8. 案主对结案/转介的态度;

9. 其他有用资料。

表4-2 个案转介/转案表

转出机构		个案类型	
社工姓名		联系方式	
开案时间		结案时间	

一、个案基本信息

姓名		性别		年龄		籍贯	
户籍		现居住地		现居住地居住时间			
婚姻状况		教育程度		学校名称/工作单位			

二、家庭情况(监护人情况)

与案主关系	姓名	年龄	是否同住	职业	教育程度	联系方式	备注

三、转介原因及所需服务

(主要包括案主表征问题及潜在问题、个案发展历程描述、评估及诊断、曾提供的服务)

备注	(其他有用资料)

此表中的数据乃供本机构提供服务所需,并在有需要作其他服务转介时,提供给有关部门或单位。个人资料均被保密处理。

社工签名:　　　　　　　　　　　　　日期:　　年　　月　　日

督导签名:　　　　　　　　　　　　　日期:　　年　　月　　日

知识点 1：结案类型

1. 完成特定的服务目标

因介入目标已经实现，案主的问题已经得到解决，案主的需要得到满足，根据计划进行结案。

2. 案主方面的原因

主要有下面几种情况。一是案主出现了新的问题，而新问题的解决、案主的服务需求已经超过了机构和工作者的能力范围，需要进行转介；二是案主单方面因为生病、失业、迁移、意外、拒绝、中途退出等因素提出单方面提前结案；三是案主在工作过程中对工作者表现不满或存在其他负面情绪没有得到解决。

3. 工作者方面

工作者因为搬家、职位变动、换岗、换工作等而产生的变化。此种情况下，工作者需要在有限的时间里，协助案主处理好情绪的反应，讨论新的解决方案，如果有必要做好转介工作。

4. 案主与工作的专业关系无法建立

在服务过程中，由于种种关系导致双方的专业信任关系无法有效建立，专业辅导关系无法存续，因此，有必要结束专业关系。

知识点 2：总结评估

评估是评价社会工作努力的目标是否达成以及实现目标的手段是否合适的工具。无论是在干预前的预估还是制订计划后的评估，干预完成后也要进行目标是否达成的评估。因此，评估就是发现期待发生的事情是否真正发生了，什么方法和什么策略发挥了作用，为什么发生了作用等等。总结评估是对产出结果的一种评估，通常会从如下方面去评定服务过程和服务效果：

1. 结果评估

主要目的在于衡量案主的改变和目标实现的程度。如这个助人过程对案主是否有成效？案主发生了哪些变化？

2. 过程评估

评估工作除了针对具体结果外，还可以针对整个助人过程。包括对案主问题的评估、目标的设定、计划的拟定、运用的调适技巧和方式等方面,并找出影响因素。如社会工作者所运用的理论与技巧的作用是什么？社会工作者在经历了这一过程后学到了什么？对将来工作者的工作有什么启示？

3. 工作者的评估

评估的内容如能顾及案主对社会工作者及机构的服务回馈,对以后的服务工作有所帮助。也为同事和督导对工作者的工作进行评估提供指导。

常见的总结评估方法有:基线测量法;目标实现程度的测量;任务完成情况评估;案主满意度调查。

示例:服务对象满意度调查

服务对象姓名：　　　　　个案编号：　　　　　填表日期：

1. 您对负责社工的整体表现满意吗？

非常不满意									非常满意
1	2	3	4	5	6	7	8	9	10

2. 您对负责社工的服务态度满意吗？

A. 非常满意　　B. 满意　　C. 一般　　D. 不满意　　E. 非常不满意

3. 您对负责社工的知识技能满意吗？

A. 非常满意　　B. 满意　　C. 一般　　D. 不满意　　E. 非常不满意

4. 您对负责社工的服务安排满意吗？

A. 非常满意　　B. 满意　　C. 一般　　D. 不满意　　E. 非常不满意

5. 您对本机构的服务设施满意吗？

A. 非常满意　　B. 满意　　C. 一般　　D. 不满意　　E. 非常不满意

6. 您认为本次服务结束之时,您与社工商定的目标是否已经达到？

A. 全部达到　　B. 部分达到　C. 全部没有达到（原因：_____）

7. 您认为接受服务后,您对问题的解决满意吗？

非常不满意									非常满意
1	2	3	4	5	6	7	8	9	10

8. 您认为本次服务在哪些方面帮助您得到改变？请您在□上划√。（可多选）

□ 情绪问题　　□ 儿童教育　　□ 婚姻问题　　□ 经济援助
□ 精神问题　　□ 学习问题　　□ 家庭暴力　　□ 法律援助
□ 人际关系　　□ 职业就业　　□ 家庭照顾　　□ 政策咨询
□ 生活适应　　□ 司法矫正　　□ 其他：

9. 您在接受服务过程中，积极主动地参与解决问题和困难的程度如何？

A. 非常积极　　B. 积极　　C. 一般　　D. 不积极

E. 非常不积极

10. 您在以后的生活、工作或学习中，能主动将服务过程中所学到的东西加以运用吗？

A. 完全可以　　B. 可以　　C. 不确定　　D. 基本不可以

E. 完全不可以

11. 您对本机构工作改善或者机构社工的服务有什么建议？请您写下来。

_____。

最后，感谢您的参与。祝您健康、快乐！

知识点 3：个案转介

在整个个案工作过程，社会工作者所扮演的角色是在案主与资源之间架起一座沟通的桥梁。因此，社会工作者不仅需要有良好的助人技巧，熟悉机构的服务功能和程序，同时也需要对社区的资源有全面的了解与丰富的知识（黄维宪，1985：200）。

通常在下列几种情况发生时，社会工作者需要考虑是否将个案转介给其他工作人员、部门或者机构。①

(1) 案主的问题不符合机构的服务范围。

(2) 案主求助意愿非常低。

(3) 工作人员考虑个人的能力或其他因素，无法处理此类型的个案。

(4) 案主接受的服务已经告一段落，后续的服务内容并非本机构所能提供。

---

① 潘淑敏：《社会个案工作》，中国台北：心理出版社 2000 年版，第 279 页。

示例：个案结案报告[①]

小张个案的结案记录

一、基本资料

小张，男，1982年12月11日生，初中文化水平，未婚，无业。

二、背景资料

1. 家庭背景：在他12岁时，父亲因不明原因自杀身亡。父亲生前每次喝醉酒就打母亲，父母脾气都非常暴躁，从他记事起家里几乎就没有片刻安宁之时，每天都在吵闹中度过。父亲过世后，母亲改嫁，带着他重新组建了家庭。

2. 个人经历：小张初中毕业后勉强考进了一所职业学校，中途就因学不下去而辍学。从此以后，小张开始与一群社会不良少年混在一起，染上许多恶习。终因参与一起抢劫案件被判处有期徒刑1年，缓期1年。

三、主要问题

1. 家庭问题：因为小张内心认为父亲的死，母亲有主要责任，家庭关系非常紧张，对母亲十分不满。另外，母亲脾气暴躁，时常骂小张，说伤害小张自尊心的话。

2. 心理状况：父亲的死，导致小张怨恨母亲，在情感上失落和对母亲的敌视情绪进而影响到学习，开始出现厌学情绪，最终职校只读了一年就辍学了。辍学之后内心的空虚和无助使他逐步发展到沉迷网络。

3. 就业问题：由于在学历和技能方面的缺乏，使他在就业方面对自己完全没有信心，做事不能坚持，就算有了工作，做几天就干不下去了。

4. 社会交往问题：在生活中存在与母亲的沟通障碍，认为只有朋友才是最关心自己的，但在现实生活中又没有什么朋友，渴望与同辈群体进行交往和沟通的他容易轻易相信所谓的"朋友"，在交往中缺乏分辨是非、真假的能力。

四、问题分析

小张思想比较单纯，由于在家里得不到温暖和关心，开始寻求外面的朋友，交友范围比较窄，甚至做了一些违法的事情。由于父母相互间粗暴、打骂的行为，对小张的成长起着潜移默化的影响，形成了他暴躁冲动的性格特点。

[①] 全国社会工作者职业水平考试教材编写组：《社会工作实务》，中国社会出版社2012年版。

五、服务计划

1. 目的

改变服务对象的外部环境,恢复小张的社会支持系统,让服务对象(小张)重获信心,重新开始新的生活,找到生活的目标。

2. 目标

(1) 协助服务对象改善与其母亲的关系,消除对母亲的怨恨。

(2) 脱离原来的朋友圈子,建立正确的交友观。

(3) 让服务对象有重新开始生活的愿望,帮助服务对象找到一份工作,使他在工作中慢慢建立他自己的人际关系,并能为家庭承担一份应有的责任。

3. 介入与行动计划

(1) 接案:本案是由居委会干部打电话求助的。我们先通过会谈,了解服务对象的基本生活状况和心理状况,帮助服务对象逐渐释放自己的情绪,建立良好的专业关系。

(2) 与社区居委会干部联系,一起到小张舅母家安抚小张母亲,从张母及其亲属口中,了解母子争吵的具体情况,再针对问题与服务对象进行沟通,分析问题产生的原因,找出解决问题的办法。

(3) 在与服务对象进行沟通的过程中,同时与服务对象的母亲进行会谈,协助母亲找出阻碍沟通的原因,教授一些与儿子沟通的方法,鼓励母亲重新接受儿子。在服务对象这一方面,帮助他认识父亲的死亡对母亲造成的精神打击和生活上的压力,让他试着与母亲进行一次心平气和的沟通。

(4) 陪同母子查找他人利用身份证诈骗财务的证据,追回钱款。风波平息后,要让服务对象认识到这次手机事件对整个家庭带来的危害以及对自己的危害,让他明白什么是真正的朋友,如何与人交往,建立良好的人际关系。

(5) 在服务对象有进步的时候,赞扬他的努力,并鼓励他外出寻找工作,重新进入社会,开始正常的生活,让他明白自己长大了,应该对这个家庭负起责任。如果服务对象与母亲关系有所改善且服务对象能主动要求寻找工作,社会工作者可以结案。

(6) 跟进服务,着重关注服务对象的心理变化,尽可能避免反复。

六、介入过程

第一次介入:社会工作者通过居委会干部找到小张舅母家,与服务对象的母亲进行一次面谈。张母情绪激动,又哭又骂,说为了儿子偷手机被判刑的事情自己与第二任丈夫经常争吵,最后不得不离婚。也曾多次托朋友让儿子学艺,没想到,干了几天,连人影都不见了。后来又结交了不良朋友,朋友以介绍工作为名,将儿子的身份证拿去办理了三个手机话费套餐,自己的身份证也让这个朋友顺手牵羊,办了每月178元话费套餐,签了两年协议。这一切自己都被蒙在鼓里,直到收到账单和律师函才得知。此后不时有陌生人上门讨债,说儿子欠他们钱,搞得家人整天心惊胆战。

第二次介入:为了证实张母的话,社会工作者将小张约到社会工作机构,询问他这些情况是否属实,他都一一承认。随后,社会工作者又找到张母,尽管痛恨儿子,但张母的话中仍隐含着丝丝无法割舍的母子之情。社会工作者同其母亲一起分析,如果断绝母子关系会给小张和母亲带来什么影响,分析结果是那会使儿子变得更加任性,破罐子破摔。经过社会工作者与居委会主任多次上门,母子双方都认识到自己的问题,社会工作者在与小张的面谈中让他明白到父亲的死亡对母亲造成的精神压力和生活压力,自己不仅没有安慰好母亲,反而用叛逆的行为一次次伤害她,请他试着与母亲好好沟通一下。对于母亲一方,社会工作者教授了一些亲子沟通的方法。这样的介入工作意在让双方都能心平气静地接纳和尊重对方,懂得彼此珍惜。经过辅导,小张和母亲都开始认识到自己过去对对方的不当态度和行为,双方开始尝试交流各自对对方的感受。最终,在居委会会议室母子二人言归于好。

第三次介入:家庭收入只有400元,却要一下子支付万元手机话费账单,无疑是雪上加霜。为了解决这件事情,社会工作者两次到邮局,查找使他们受骗上当的人。第一次失败后,为了收集有力的证据,社会工作者与小张母子二人到联通公司调查购买手机时签订的协议书,社会工作者将协议书仔细查看、推敲。第二次到新区找到了这个人。在事实证据面前,使这位朋友不得不承认,答应承担一切费用。通过这件事,也让小张认识到了什么是真正的朋友,如何去选择朋友。

第四次介入:考虑到小张没有工作,闲荡在社会上,社会工作者积极为他找了一份工作,既可补贴家用、承担家庭的责任,也使他的生活有规律,不再无所事事,自这以后,小张母子关系得到缓和,先前的误解得到澄清,家庭气氛有所改善。

第五次介入:社会工作者进行回访,得知目前服务对象生活比较正常。

七、服务评估

此个案比较成功,服务对象在社会工作者的帮助下,精神状况基本恢复正常,与母亲的关系有较大的改善。服务对象已开始有了生活目标。

八、个案反思

社会工作者发现,小张在处理生活中的困难时,容易出现逃避问题,社会工作者还需要进一步在重建小张"健康人格"方面下功夫,在适当时机展开对小张的辅导工作,而不是单纯针对其困难进行"物质救助",这样才能达到助人自助的目的。

知识点 4:档案编号

为规范机构专业文书材料的存档与管理,充分发挥档案管理在社会工作服务中的重要作用,机构的所有上交文书材料必须按照统一的格式进行编号。

编码的内容包括机构名称或项目名称、服务领域、服务性质、服务时间和顺序等。具体的编码格式各机构略有不同。如深圳市南山社会工作协会采用的档案编码形式为"服务项目—资料类别—服务类别—服务性质—年月日—顺序";深圳市龙岗区正阳社会工作服务中心采用的档案编码形式为"社工编号(机构名称—服务领域—编号)—年份—服务性质—顺序"。

示例:社会工作服务社档案管理制度节选:档案分类及编码系统[①]

((略))

七、服务类资料(S Service)

(一)服务项目编码

以服务项目的前两字拼音为编码,如蛇口社区服务中心编码为"SK"

(二)服务类别编码(按服务对象)

1. 青少年服务(Y Youth Service)
2. 老年人服务(E Elderly Service)
3. 残障人士服务(R Rehabilitation Service)
4. 家庭服务(F Family Service)
5. 妇女服务(W Women Service)
6. 外来劳务工服务(M Migrant Workers Service)

……

说明:档案归类时按照相应编码编号;未经服务类别按国际通用社工专业英语首字母编码。

---

① 深圳市南山区社会工作协会编:《实践书写——深圳社工专业实务指引》,南方日报出版社,2013年版,第65—66页。

(三) 服务性质编码

1. 个案(C Case Work)
2. 小组(G Group Work)
3. 活动(P Program)
4. 家访(V Visit)
5. 其他(O Others)

(四) 档案编码形式

服务项目—资料类别—服务类别—服务性质—年月日—顺序

例:SK—S—Y—C—20120101—01 则表示蛇口区社区服务中心服务类资料中青少年服务2012年1月1日接案的年度第一个个案。

八、行政类资料编码(A Administration)

(一) 编码

1. 社工服务部(M Social Worker Management)
2. 办公室(A Administration)
3. 联络部(L Liaison)
4. 项目部(P Project)

说明:各机构可根据部门设置自行添加

(二) 形式

机构名称/服务项目—资料类别—行政类别—内容—年月日—顺序

例1:NSWA—A—M—考核—20120101—001 则表示南山社协社工服务部在2012年1月1日发布的年度第一个考核文件。

例2:NSWA—A—M—培训—20120201—003 则表示南山社协社工服务部在2012年2月1日发布的年度第三个培训文件。

示例:深圳市龙岗区正阳社会工作服务中心档案编号说明[①]

1. 档案的编号格式为:社工编号(机构名称—服务领域—编号)—年份—服务性质—顺序。

---

① http://www.zysg.org/sz/TourGuide.asp?lm _____ id=71&Id _____ x=120.

2. 个案/小组/社区活动编码说明形式：社工编号（机构名称—服务领域—编号）—年份—服务性质—顺序。

说明：

1. 机构名称—ZY；

2. 服务领域：劳动领域—LD，司法领域—SF，团委领域—TW，社区领域—SQ，妇联领域—FL；

3. 服务性质：个案（casework）—C；小组（group work）—G；活动（Program）—P；

例如：ZY-SQ(XM)-01-2012-C-001：正阳社工服务中心新木社区服务中心01号社工2012年第1个个案；

ZY-TW-03-2012-G-005：正阳社工服务中心团委领域03号社工2012年第5个小组；

ZY-FL-02-2012-P-007：正阳社工服务中心妇联领域02号社工2012年第7个活动。

附录：广州市心明爱社会工作服务中心个案工作服务文书

第二篇 小组工作文书

小组工作是社会工作的基本方法之一,经由社工的策划与指导,通过小组活动过程及组员之间的互动和经验分享,帮助小组组员改善其社会功能,促进其转变和成长,以达到预防和解决有关社会问题的目标。因而,社工需具备编制小组工作文书的基本能力。在小组工作中,常见的文书有小组计划书、小组过程记录、小组总结报告等。

项目五 小组计划书

一份专业的小组工作计划是开展小组工作的必要条件。因此,在小组工作的准备阶段,社工要根据工作目标及人、财、物等方面的条件,精心制订可以实施的工作计划。通常小组工作的方案或计划就是一份详细的小组计划书。在制订方案时,需要考虑许多要素。

小组计划书的功能一般有四个:顺利得到机构的支持与批准,得到必要的资金;对小组的理念、理论框架、目的等有清晰的认识;清楚工作的程序安排和每一阶段的活动安排;为小组评估奠定基础。

知识点1:整体框架

撰写小组计划书时,必须考虑如下几个问题:

1. 有哪些无法满足的需求可以通过小组给予满足?
2. 这个小组的目的是什么?(小组结束前,成员可以达成什么目标?)
3. 小组将由哪些人组成?(成员的年龄与性别、成员的社会化/情绪程度和能力、成员相关的行为模式)
4. 如何向成员介绍小组的目的?
5. 小组聚会将采用什么模式?
6. 是否有机构或组织的政策会影响小组的发展?

7. 需要和哪些重要的人做进一步接触,以寻求他们的赞同、建议和支持?
8. 以什么方式来评价小组?

不同地区的社工对于小组计划书整体框架的理解大同小异,现将具有代表性的小组计划书的内容列表如下,可资借鉴。

表5-1 小组工作计划书内容框架

序号	要素	内容
1	理念	机构的背景;组成小组的原因;小组的理论/概念框架总体目标
2	目标	开设小组需要解决的问题,即要达到的目标与目的
3	组员	特征、年龄、教育背景;需要解决的问题
4	小组的特征	性质;时间(长期/短期)、频率;规模、人员组合
5	明确的目的	各具体目标
6	初步确定的程序计划和日程	每次集体聚会的计划草案;程序活动;日期、时间、每次聚会的特点;活动的具体目的;社工的责任;活动准备;需要的器材、设备;每次聚会需要的费用
7	招募计划	按机构的规则制定小组建立的程序;组员的来源;宣传、招募方法;允许的招募时间;招收方法
8	需要的资源	器材;地点和设备;人力资源;特别项目;有关人员
9	预料中的问题和应变计划	小组组员的问题;小组社工或机构的问题;其他来源问题
10	预算	程序、器材、交通等费用的总和;费用或小组组员会费
11	评估方法	评估的范围;评估的方法

资料来源:何洁云,谢万恒. 社会工作实践:小组工作[M]. 香港:香港理工大学应用社会科学系,2002.

由表5-1的内容可以看出,小组计划书的内容基本要包含以下几个方面:开设小组的原因,即小组的背景,一般是阐述机构的背景与服务对象的特点与需求;小组开设的理论基础,即小组开展工作时所依据的心理学、社会学或其他学科的理论基础;小组工作的服务对象,即服务对象的特征,儿童、青少年还是老年人或者是特殊人群;小组工作的总目标与分目标,即通过小组工作可以达到的目标,即可以解决和改善服务对象的什么问题,整个小组工作的总的目标是什么,每次小组活动的分目标又是什么;小组工作的具体工作内容与流程,即整个小组工作是怎么设计的,包含哪些活动内容,如何操作;小组工作需要的资源与预算,即需要多少经费与耗材,在计划书中都应当具体说明;小组工作过程中应急情况的处置,即对小组计划进行风险分析,例如成员参与度不高怎样解决,小组活动的场地在户外进行如何应对天气的变化等,或者在小组活动过程中对一些意外事件如何处置等。

知识点2:背景与理念

1. 如何撰写计划书的背景

小组的背景资料偏重于小组开设的客观信息,一般是通过社区调查(问卷、街边访问)、重要人士访谈(个别针对性访问)、分析现有资料(科研论文、年度数据报表)等方式,评估服务对象的问题和需要。

计划书的背景包含问题的定义与机构的背景。问题的定义即问题的简要介绍,如形成原因的主要表现及问题的广泛程度和影响。一般来说,问题存在越广泛、后期影响越严重,则开展活动的必要性越强,加入统计数据则科学性和可信度更高,时间由远及近,地域由广泛到当地,由普遍人群到特殊人群。机构的背景即所开设的活动要符合机构的专业方向和机构的服务宗旨,符合所要开设的活动的目标人群的问题及现实状况(见表5-2)。

表5-2 背景资料表格

快乐夕阳红小组工作计划书	
以下是一份针对某敬老院老人开设的人际交往小组计划书的背景部分。(参见陈心洁:《小组工作的理论与实务》中国政法大学出版社)	
内容	评释
早在2007年,中科院就针对国内老年人的心理健康状况进行了调研。结果显示,80%的老年人都存在心理问题,其中大约15%的60岁以上老人患有抑郁症。按照国家标准,发达国家的人口从75岁起进入老年期,发展中国家为60岁。在中国,一般60—80岁都称为老年期,75岁是一道分界线,之前称为"年轻老年期",之后称为"老老年期"。敬老院作为一个专门的老年人机构,老年人进入敬老院的原因、兴趣爱好、秉性习惯、婚姻状况、生活背景、身体状况都会不同,那么在开始融入敬老院这个陌生的环境,融入一个新的团体时,就会出现适应困难。	引用现有资料详细阐述老年人的心理健康问题,从整个群体的角度进行背景分析,从老年人群体到养老院老人群体,引发养老院老人群体的入院期间的心理适应问题。

	续表
某养老院目前的情况： 1. 人数：137 人 2. 年龄：59—94 岁，其中 50—60 岁 4 人；60—70 岁 18 人；70—80 岁 56 人；80—94 岁 59 人（90 岁以上的有 8 人） 3. 性别：男 57 人，女 80 人 4. 半自理老人：48 人，自理老人：84 人，完全不能自理老人：4 人；夫妻：22 对，其中大部分都已丧偶。	介绍养老院机构的简况，对服务对象的详细特征进行详细介绍，此部分介绍为机构的背景资料。

2. 如何撰写计划书的理念部分

当工作人员完成了上述的资料搜集后，便须着手撰写计划书，应具备以下的六个元素：(a) 有适当的数据支持；(b) 引用合适的理论分析；(c) 基于理论的分析，指出适当的问题介入点；(d) 问题界定、问题分析、目标制订、活动内容是互相配合的；(e) 推断合乎逻辑；(f) 能说明活动执行的细节。而计划书的理念部分，应该包括上述元素。换言之，在评估社区或群体的需要时，必须有客观的资料或数据为依据。当问题清晰后，策划者须引用适当的理论去探究问题。最后，须再引用其他理论或研究结果去分析问题的成因。据此分析，社工便可订立活动介入点，从而订立各项目标。以上只是概括叙述计划书中理念部分的一般内容。在不同情况下，计划书对理念内容的要求或有增减，但其主要目的只有一个，就是对所处理的问题作详尽分析，确定活动推行的需要性。

表 5-3 计划书理念的主要内容

社交 ING-人际交往互助小组	
以下是一份针对大学生开设的人际交往小组计划书的理念部分。（参见陈心洁：《小组工作的理论与实务》）	
内容	评释
经过了解，我们发现大学生交往困境主要有六个具体表现：缺少知心朋友；与个别人难以交往；与他人交往平淡；感到交往有苦难；社交恐惧症；抵制交往。	略述小组开设的对象大学生群体人际交往的问题，从宏观层面阐述该小组对服务对象群体的意义。
我们设计这个小组，就是想让组员在小组活动中认识自我和他人，了解和学习人际交往的技巧，体验人际交往的美好，找到与他人交往的勇气和自信，解决自身在人际交往中遇到的困难和问题，打破自身的交往困境，让生活更加美好。	具体阐述小组开设的意义，这部分是撰写理念部分的关键，即要清晰地说明小组开设的意义，在清楚服务对象需求的前提下，详细阐述小组开设对服务对象的意义。

小组计划的理念与背景是前期小组计划的前提，小组背景一般意义上讲有

宏观层面的背景（服务对象群体的特点），机构的简要情况以及对服务对象的调查结果，这些都是我们开设小组的重要依据，而小组理念更多的是从小组对于服务对象的意义上考虑的，也就是为什么要开设小组，小组开设的实际意义。

知识点3：小组类型

小组工作的类型划分与确定，是开展小组工作实务的基础。社会工作学科中有关小组的分类标准很多，一般依据小组的目标、服务对象的特点和实际需要、小组的形成方式、服务对象的参与动机以及小组采用的结构等，划分成不同的类型，主要类型有：

1. 教育小组

在社会工作比较成熟的国家和地区，教育小组被广泛地应用于社区、学校、医院等场所。教育小组的宗旨在于，通过帮助小组组员学习新知识、新方法，或补充相关知识之不足，促使成员改变其原来对于自己存在的问题的不正确看法及解决方式，从而增进小组组员适应社会（生活）的知识和技能。教育小组在工作过程中，首先，要帮助小组组员认识到自我存在的问题并有自我解决问题的需要；其次，促使小组组员能够确立新观念、新视野，从而改变看问题的角度；再次，开展干预服务，降低小组组员的问题行为特征，以达到改变自我的目的。在开展教育小组工作时，社工除了要重视组员的自助外，也应重视组员间的互助，鼓励小组组员通过讨论与互相学习来增强组员的态度和能力。如家长技能训练小组、农村妇女手工艺培训小组等。

2. 成长小组

成长小组大多运用于各类学生及边缘群体的辅导工作。成长小组的工作旨在帮助组员了解、认识和探索自己，从而最大限度地启动和运用自己的内在资源及外在资源，充分发挥自己的潜能，解决所存在的问题并促进个人正常健康地发展。成长小组工作的焦点在于个人的成长和正向改变。在社工看来，每个人的人生都有一定的逆境，也具有不断发展的潜能。小组成员所处的逆境是一种挑战性机会，在逆境中发展自己潜能和提升自我的过程就是成长过程。因此，成长小组关注小组组员本身的成长，强调通过参与小组过程使小组组员增加敏感度，增强自我觉察的意识，发挥潜能和实现自我。成长小组的典型是近年来针对不同人群的需要而开展的"体验小组"，如大学生成长小组、青少年的野外拓展训练营。

3. 支持小组

支持小组一般是由具有某一共同性问题的小组组员组成的。通过小组组员彼此之间提供的信息、建议、相互鼓励和感情上的支持,达到解决某一问题和成员改变的效果。在支持小组中,最重要的是小组组员的关系建构、相互交流和相互支持。社工的任务是:指导和协助小组组员讨论自己生命中的重要事件,表达经历这些事件时的情绪感受,建立起能够互相理解的共同体关系,达到相互支持的目的。因此,支持小组要充分发挥小组组员的自主性,鼓励成员分享经验并协助解决彼此的问题。在我国社会工作实务中,支持小组近年来发展很快,如"单亲家庭自强小组"、"癌症患者小组"、针对吸毒人员的"同伴治疗小组"等。需要注意的是,支持小组的动力源于小组组员的需求本身,社工在小组形成以后一般处于"边缘化"的位置,扮演的只是推动者和协调者的角色。也有学者认为,大多数支持小组属于自助类,社工在小组建成后一般不必介入该小组的过程。

4. 治疗小组

治疗小组的组员一般来自那些不适应社会环境,或其社会关系网络断裂破损而导致其行为出现问题的人群。治疗小组对社工的素质要求比较高,不仅要求社工具备扎实的社会工作理论和娴熟的实务技能,还要具备一定的心理学、医学等方面的学术训练和临床经验。社工在治疗小组中的角色是通过小组工作的活动过程,帮助小组组员了解自己的问题及其背后的社会原因,利用小组的经验交流和分享,辅以一定的资源整合或社会支持网络,以达到对小组组员的心理和社会行为问题的治疗,从而改变小组组员的行为,重塑其人格,开发其潜能,促使其成为健康、健全的社会人。例如,为吸毒人员提供服务的"美沙酮治疗小组"、为社区矫正对象开展的"星星点灯小组"以及针对家庭暴力受害者开展的治疗小组等,均属于这一类的治疗小组。

知识点 4:小组规模

小组规模指的是小组的大小,主要与小组的人数相关。一个小组到底以多少人为佳,学者们一直有争论,比较有影响的是米勒提出的 7 加减 2 原则[①]。但多数意见同意在 3—50 人之间。不同规模的小组具有不同的功能,5 人的小组比较适合讨论,8 人的小组最容易完成任务;治疗小组一般在 5—7 人,儿童小组 6—8 人为宜,而活动性、辅导性或教育性的小组规模则可稍大些,30—50 人均

---

① 引自 G·米勒:《奇妙的数字 7±2——信息加工的限度》。

可;工作小组或会议小组大多在 5—9 人,讨论性小组不超过 15 人,督导小组以 8—10 人为原则。不过超过 25 人的小组,成员之间的紧密性将明显降低。

知识点 5:时间与场地

小组工作的时间包含四个方面的内容:

(1) 工作的期限。小组的期限视小组目标、小组类型、机构资源等多种因素而定。一般来讲,治疗小组的时间较长,而任务小组的时间较短;机构资源越丰富,小组期限越不受限制。

(2) 小组聚会的频率。聚会的频率影响小组的互动深度,较高的聚会频率会增加组员的互动,增强组员之间的感情联系和对小组的归属感,但如果聚会过度也会引起组员的厌烦,导致组员流失及小组结构松散。较低的互动频率不利于组员之间深度交往和沟通,不利于小组目标的实现。原则上讲,小组聚会频率以一周一次为宜。

(3) 会期的长短。小组会期一般以 40—60 分钟为宜,也有 2—3 小时甚至更长时间的小组。较长的时间容易使组员感到疲劳、精力分散。较短的时间则不利于小组目标的达成和问题的解决。如儿童和青少年小组,时间应该短些,以 30—40 分钟为宜。

(4) 聚会的时间。聚会时间要视小组组员的空闲时间而定,一般情况下,儿童和母亲小组选择周末为宜,父亲小组以晚上为佳,老年人小组选择白天效果最好。

知识点 6:目标设定

目标是指出工作人员期望活动完成后的指定时间内要达到什么改变。小组工作的目标有总目标与具体目标之分。总目标由该小组的类型特征及成员的问题和需求所决定,大致包括指导思想和总体任务。围绕总目标建立的具体目标,包括沟通目标、过程目标、实质目标和需求目标等 4 个部分。其中沟通目标非常重要,这是促进小组组员之间相互理解、相互接纳,从而实现互动和分享的重要环节。过程目标则是小组工作不同阶段的目标要求,是不同阶段任务的具体化。实质目标或问题目标,就是小组工作能够解决的问题及其具体范围。需求目标,则是遵循个别化原则,针对每一个小组组员的具体需求而设计的任务。

SMART 原则是目标管理(MBO)的概念之一,由管理学大师 Peter Drucker 提出,在这里我们借鉴目标管理的理念对于小组计划的总目标与分目标的制定给予一定的说明与解释。在小组工作中,小组计划的目标制定看似是一件简单的事情,但是能否设立合理、科学的目标是小组工作成败的关键。

所谓的 SMART 原则主要含义是:

S(Spencific,具体的),即目标要清晰、明确,小组领导者和工作人员要清楚地理解小组工作的目标。

M(Measurable,可量化),即目标要可以量化,也就是在小组评估阶段可以用一些技术与方法来考量目标是否可以达到。

A(Achievable,可达到),即目标可以达到,也就是设立的目标通过小组工作的技术与手段,目标可以被服务对象达到。

R(Realistic,现实性),即目标的设置是实实在在的,可以达到一定的效果,是可以被观察到的。

T(Timely,时间限制的),即目标要在一定时间内达到,失去了时限,任何服务工作将不具备社会价值与意义。

订立小组工作目标时,需要注意以下几点(Patton,2008):只需制定活动的成果,无须注明活动内容;一个目的/目标配对一个活动成果;活动成果的说明必须让项目论证人员在看懂之余,又不会扭曲原初策划时的构思。

订立目标的基本句式为目标=1+2+3(梁镗烈,2016)即 1 为动词(例如:提升、促进、减少、平衡……),2 为对象(自己、学生和我……),3 为预期成效(例如:自我效能感、社交能力、压力)。

示例:依据 SMART 制定小组工作的总目标与分目标(梁镗烈,2016)

小组工作背景资料:

广州某重点中学,作为学校的社工结构的服务人员,得到校方大力支持,为学校初二学生提供小组工作的服务,以"自我效能感"为工作任务,服务对象是初二学生(25 名,成绩在年级最差的占 5%),如何按照 SMART 原则制定小组工作的计划(见表 5-4)。

表 5-4　小组工作计划主要内容

总目标	分目标	量度水平	达标水平
提升参加者自我效能感	丰富成功经验的体会	观察别人次数	小组前后测增加
	改善成败归因思考模式	归因思考模式	能使用内向可控思考模式
	促进参与者相互鼓励	鼓励次数 鼓励依据	小组前后测增加 鼓励有事实依据
	构建互助小组氛围	小组发展阶段水平	小组进展到委身或相关发展阶段

由上列表格可见,总目标的设定符合服务对象的需求,采用了简洁的1+2+3的模式,语言清晰练达,非常明确地描述出小组工作的总目标,简明易懂。由于自我效能感是一个较大的心理学概念,在对服务对象进一步了解之后,发现这所重点学校的学生成绩都非常优异,即使是成绩较差的学生在普通中学也是很优秀的,基于对服务对象的了解,将自我效能感进行进一步的明确与细化,也就是合理地制定分目标。四个分目标的确定符合了SMART原则,也就是这些目标是具体的、现实可以达到了,而且是可以观察到或者是有指标可以测量的。

知识点7:集会安排

在制定了整个小组的程序构思后,社工需要设计好每节集会的内容。每一节小组集会,对小组整体目标的达到,是有着密切关系的,虽然集会或只有数十分钟,但它仍需有起、承、转、合的节奏。根据Trotzer(1980)提供的模式,每节集会可以划分为五个阶段,分别为热身阶段(energizing phase)、预览阶段(the advance organizer phase)、工作阶段(the work phare)、消化阶段(the processing phase)和总结阶段(the closure phase)。这并非意味每个阶段均须设计独立的活动,但这一方面的了解必定有助安排更顺畅的程序。图5-1概述了每节集会阶段和主要任务。

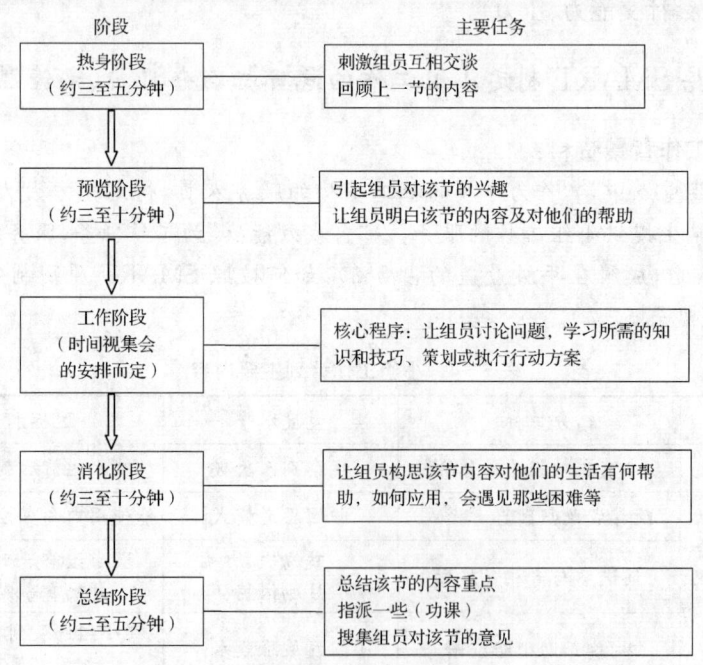

图5-1 小组每节集会阶段和主要任务

1. 热身阶段

每次集会开始,组员都需要一点热身,以便集中精神,预备投入当天的活动。在这短短的数分钟,社工安排机会,让组员发言或交谈。简单的做法是询问组员一些开场问题。如,吃了饭没有?或刚才的交通怎么样?有些社工会和组员回顾上一节的内容,然后再了解他们在实践上是否有困难。若环境适合,例如组员刚下班赶至集会,开展一些简单的智力游戏,使他们动脑筋并安定下来。无论采取那一种方法,其重点均在让组员有机会发言或活动,使他们振奋精神,投入这节集会。热身阶段所用的时间不用太长,一般只需3—5分钟。

2. 预览阶段

预览是教育学的名词。Ausubel(1963)指出,若要学习者妥善吸收资料,教师必须预先提出一个学生明瞭的思想结构,这样学生才能将集会中所介绍的资料和他们既有的知识联结起来,从而掌握其意义。在小组工作中,社工在进入主题时,须向组员介绍当节的内容,并使他们明白这些内容对他们有什么帮助。

形式方面,可以是一些有关主题的小测验、一些考验组员技巧的难题,或一些刺激组员围绕主要讨论的话题。例如在一个与青少年探讨"性"的小组中,社工以小测验考验组员对于"性"的认识,刺激他们对该次集会内容的兴趣。或在探讨"情绪控制"的主题前,先找一个志愿者让其他组员设法去逗他笑,然后带出情绪控制之道。又或在一个家长小组中,询问组员在督促子女功课上感到最棘手的地方,让他们轮流讲述。在总结他们的困扰后,社工便带出当节的主题。这种方法的目的在于提起组员的兴趣,让他们易于吸收该节的内容。

3. 工作阶段

当组员心态上已投入这节的主题后,便可进入该节的正题。社工按整个小组的目的和该节的目标,设计核心的程序。活动的内容形式可以十分多元化,主要视集会的目标及介入范畴而定。例如在教育性的小组,社工可以在知识、态度和技巧三个方面,安排适当的学习活动,如角色扮演、故事、讨论、习作和游戏等。在一次解决问题的小组中,社工可以就组员的问题讨论、策划或执行解决方案。小组亦可以执行一些改变环境的工作。原则上,当组员完成这些活动后,应能达到该节的目标。

4. 消化阶段

在工作阶段后，社工须协助组员消化所掌握的知识、技巧和态度，并计划如何在生活中应用。事实上，小组只是一个学习、支持和成长的环境，组员的社会功能有否改进，最终仍取决于他们在现实生活中能否将所学应用出来。因此社工须协助组员构思他们在集会的收获以及对他们的生活有何意义。社工可以询问组员，集会内曾谈及的东西对他们是否有用？哪些是最切身和最有意义的？哪些会较难运用的收获？若他们表示有困难，社工可和他们一起讨论如何加以克服。

组员亦可写下和分享他们计划如何利用该节所得应用于生活中。例如在一个职业培训小组中，组员学会了一些求职或面试技巧，社工可让他们写下自己的求职计划，并订下具体的时间表。这些方法有助组员将该节的内容消化成为个人的心得，加强其在生活中的应用价值。

5. 总结阶段

在集会的最后部分，社工可作简单的活动，协助组员总结该节的收获。无论是社工的口头总结，还是由组员个别写下他们的体会，均有助于他们加深对该节内容的记忆，增加应用的机会。社工可指派一些功课，鼓励组员应用该节的知识和技巧。例如在一个社交技巧训练小组，社工要求组员在下次集会前主动和别人点头微笑和打招呼，并将经验记录在一份表格中。又或在一个认知疗法的小组集会中，要求组员在下周记录下他的情绪低落经验及当时脑海中的思想。

总结阶段的另一点是搜集组员对该节的意见，好让社工参考以改善日后的集会。社工可分配每个组员一张卡纸，让他们写下对该节的反应。另一更简单的方法，是让组员轮流讲出自己对该节的意见和感受。

在大部分的小组中，社工均可将集会中分为五个阶段，安排相应的活动。阶段划分的主要作用，是加强社工对集会动力的察觉，而并非要社工僵化地针对每个阶段设计一个活动。

附录:广州市心明爱社会工作服务中心小组工作服务文书[①]

专业小组计划书

项目名称:××街家庭综合服务中心　　档案编号:×××××××××

1. 小组基本资料

小组名称	第二期"教得其乐"家长管教技巧小组(上学期——我都做得到!)		
小组日期	2017年3月9日至2017年3月23日	负责社工	叶社工
小组时间	逢周一、四 9:30—11:00		
小组地点	瑞宝街阳光亲子园	小组节数	6
适用对象	2—9岁特殊需要儿童家长	预计人数	6—10人
合作单位	□无 ■有_____	义工招募	■不需要 □需要_____名
宣传招募	□街站外展、社区宣传活动中招募 ■在过往参加者中宣传招募 □通过上门探访宣传招募	□在社区宣传栏张贴宣传单 □通过电话、短信、网络平台等宣传招募 ■其他(请填写)通过融爱之家推荐或招募家长	
组员甄选	1. 2—9岁的特殊需要儿童家长(自闭症、过度活跃、专注力失调); 儿童程度属于中轻度; 家长时间方便,对管教技巧有浓厚的兴趣,能参与整个课程。		
小组背景	2016年6月18日,由香港协康会和心明爱机构联合举办的"星亮教室"特殊儿童教育讲座落户瑞宝街,免费开办【帮助孩子克服学习障碍教育讲座】,面对社区5—10岁有学习障碍儿童的家长、教师们及社工人才传授具有国际水平,实证有效的干预及治疗方法。那次活动吸引了300多人前来参加,其中在瑞宝街发掘了一批特殊儿童的家长或关注子女问题行为处理的家长们。因此,社工希望借着教授本课程的知识,帮助社区当中的特殊儿童的家长或关注子女问题行为处理的家长们提升家长管教技巧。		

---

① 该文书源自广州市心明爱社会工作服务中心,文书内容由叶颖妍社工撰写,内容已征得服务对象同意并进行处理,未经允许,不得转载。

续表

理论架构	1. 社会学习理论 社会学习理论是由美国心理学家阿尔伯特·班杜拉（Albert Bandura）于1952年提出的。它着眼于观察学习和自我调节在引发人的行为中的作用，重视人的行为和环境的相互作用。班杜拉认为是探讨个人的认知、行为与环境因素三者及其交互作用对人类行为的影响。 2. ABC理论 合理情绪治疗是认知心理治疗中的一种疗法，因它也采用行为疗法的一些方法，故被称之为一种认知-行为疗法。合理情绪疗法的基本理论主要是ABC理论，在ABC理论模式中，A是指诱发性事件；B是指个体在遇到诱发事件之后相应而生的信念，即他对这一事件的看法、解释和评价；C是指特定情景下，个体的情绪及行为结果。通常人们认为，人的情绪的行为反应是直接由诱发性事件A引起的，即A引起了C。
小组目的	1. 让参加者学习管教与教导特殊需要儿童的技巧与方法，提升参加者的自信心； 2. 帮助减少孩子的问题行为，直接或间接减少家长的管教压力。
小组具体目标	1. 70%的参加者管教与教导儿童的知识获得提升； 2. 70%的参加者对于管教与教导儿童的自信心得到提升； 3. 60%的参加者孩子的问题行为有减少。

2. 工作计划日程及分工

序号	工作内容；	完成日期	负责社工/跟进社工	备注
1	撰写小组活动计划书	2017.2.27	叶社工	
2	1. 确定场地，联系阳光亲子园负责人沟通场地借用事宜 2. 组员招募	2017.3.5	叶社工	
3	筛选组员，确认最终参加者并通知开组的时间、场地	2017.3.6	叶社工	
4	准备小组道具和课件	2017.3.8	叶社工	

3. 小组程序大纲(具体每节内容见附件每节单元设计)

单元	日期	本节目标	主题/名称	内容简要	备注
一	3.9	1. 参加者了解本课程的内容; 2. 参加者能知悉及讨论小组契约; 3. 参加者彼此认识; 4. 参加者能了解亲子关系如何影响孩子的成长; 5. 参加者能了解与孩子谈天的方法和背后的理念	大家的家——建立良好的关系	1. 介绍"教得其乐"的背景及导师参加培训的情况; 2. 小组成员相互认识; 3. 讨论小组契约并签名遵守; 4. 讲解亲子关系对孩子成长的影响; 5. 讲解与孩子谈天的方法和背后的理念	
二	3.13	1. 参加者能了解与孩子玩耍的方法("开心摇摇板")及背后的理念; 2. 参加者能了解孩子问题的成因;	开心摇摇板	1. 讲解与孩子玩耍的方法及背后的理念; 2. 讲解孩子问题的成因	
三	3.16	1. 参加者能了解导致孩子问题行为的管教陷阱; 2. 参加者能以 ABC 行为分析法理解孩子的问题行为	ABC 行为分析	1. 讲解导致孩子问题行为的管教陷阱; 2. 讲解 ABC 行为分析法,并学习理解孩子的问题行为	
四	3.20	1. 参加者了解赞赏孩子的方法; 2. 参加者能了解奖励孩子的方法; 3. 参加者能了解"好孩子计划",并运用这计划鼓励孩子良好的行为。	鼓励良好行为	1. 讲解赞赏孩子的方法; 2. 讲解奖励孩子的方法; 3. 讲解"好孩子计划"	

续表

单元	日期	本节目标	主题/名称	内容简要	备注
五	3.23	1. 参加者能运用工序分析法拆解技能以有效训练儿童； 2. 参加者能以流程图向儿童展示工作步骤，并逐步训练儿童； 3. 参加者能以"先问后提，鼓励赞赏"的方式来巩固孩子所学的 4. 参加者能明白活动时间表的作用，以及了解使用时的方法	我都做得到！	1. 讲解工序分析法拆解技能以有效训练儿童； 2. 讲解流程图向儿童展示工作步骤，并逐步训练儿童； 3. 讲解"先问后提，鼓励赞赏"的方法； 4. 讲解活动时间表的作用和使用方法。	
六	3.27	1. 巩固参加者前面五节所学内容	大家做到了吗？	1. 回顾前面所学的内容； 2. 组员分享； 3. 总结并结束小组	

4. 小组预估

小组评估		
改变范畴	评估指标	评估方式
知识	70%的参加者管教与教导儿童的知识获得提升；	现场访谈
态度	70%的参加者对于管教与教导儿童的自信心得到提升；	现场访谈
行为	60%的参加者孩子的问题行为有获得减少。	现场访谈

续表

困难预估及应对方式	
困难预估	应对方式
参加者未能坚持参加全部小组	1. 通过奖赏计划鼓励他们全部参加并获得免费教材; 2. 如果他们部分组员无法参加个别小组环节,将考虑是调整时间还是个别辅导;

5. 物资清单与财务预算

序号	物资名称	单价	数量	金额	备注
1	宣传海报	6.4	30	192	☐中心自有 ■购买 ☐赞助/资助 ☐其他
2	家长管教手册	—	—	—	☐中心自有 ☐购买 ■赞助/资助 ☐其他
3	零食	30	—	30	☐中心自有 ■购买 ☐赞助/资助 ☐其他
	合计			222	

6. 小组审批

项目主任审批	签名:_____ 日期:_____
督导审核	签名:_____ 日期:_____
同工回应	签名:_____ 日期:_____

附件：小组每节单元设计

* 小组每节单元设计需连同小组计划书一同提交

第一单元

1. 小组基本资料

时间	3月9日9:30—11:00	地点	××街阳光亲子园
本节主题	大家的家——建立良好关系		
本节目标	70%参加者参与讨论并确立小组契约；70%参加者懂得一种以上建立亲子关系的技巧		

2. 小组内容设计

序号	环节名称	时长	具体内容	物资	负责人	备注
1.	教得其乐的历程	15	简介教得其乐的研究背景、历程、讲师培训情况等	1. 制作会员卡；2. 统一印制家课；3. 家长管教手册	叶社工	
2	大家来节拍街	10	破冰游戏，促进组员彼此认识			
3	人约契约后	5	派发会员卡；组员签订小组协议			
4	亲子关系与孩子的成长	10	讲解亲子关系如何影响孩子的成长			
5	与孩子谈天	20	讲解与孩子谈天的方法及背后的理念			
6	练习介绍	10	明白与孩子谈天的目的和形式			
7	技巧演练	10	透过导师示范，参加者亲身演练及导师从旁的指导，参加者能掌握亲子练习的步骤和技巧。			
8	总结及布置家课	10	总结第一节的内容；布置家课；预告第二节的内容。			

第二单元

1. 小组基本资料

时间	3月13日 9:30—11:00	地点	××街阳光亲子园
本节主题	与孩子玩耍——开心摇摇板		
本节目标	70%参加者学习到两个或以上与孩子玩耍的技巧		

2. 小组内容设计

序号	环节名称	时长	具体内容	物资	负责人	备注
1.	第一节回顾	15	1. 重温第一节的内容；2. 了解参加者在家亲子练习中遇到困难；3. 让参加者知悉第二节的内容	1. 制作会员卡；2. 统一印制家课；3. 家长管教手册	叶社工	
2	与孩子玩耍	20	讲解与孩子谈天的方法及背后的理念			
3	练习介绍&技巧演练	15	明白与孩子玩耍的目的和形式；透过导师示范，参加者亲身演练及导师从旁的指导，参加者能掌握亲子练习的步骤和技巧。			
4	总结	5	总结建立良好亲子关系的内容；预告第三节的内容。			
5	问题行为，从何而来	10	讲解孩子问题行为的成因			

第三单元

1. 小组基本资料

时间	3月16日 9:30—11:00	地点	××街阳光亲子园
本节主题	ABC 行为分析		
本节目标	70%参加者理解到 ABC 行为分析记录的使用方法		

2. 小组内容设计

序号	环节名称	时长	具体内容	物资	负责人	备注
1.	问题行为与管教陷阱	20	讲解导致孩子问题	1. 制作会员卡；2. 统一印制家课；3. 家长管教手册；4. 准备部分分享时的零食	叶社工	
2	ABC 行为分析	30	讲解 ABC 行为分析法和如何记录孩子问题行为			
3	练习介绍 & 技巧演练	30	明白 ABC 行为分析记录的目的和形式；透过导师示范，参加者亲身演练及导师从旁的指导，参加者能掌握亲子练习的步骤和技巧。			
4	总结及布置家课	10	总结 ABC 行为分析法的内容；预告第四节的内容。			

第四单元

1. 小组基本资料

时间	3月20日 9:30—11:00	地点	××街阳光亲子园
本节主题	鼓励良好行为		
本节目标	1. 70%参加者理解到赞赏孩子的方法 2. 70%参加者理解到奖励孩子的方法		

2. 小组内容设计

序号	环节名称	时长	具体内容	物资	负责人	备注
1.	第三节回顾	10	1. 重温第三节的内容； 2. 了解参加者在家亲子练习中遇到困难； 3. 让参加者知悉第四节的内容	1. 制作会员卡； 2. 统一印制家课； 3. 家长管教手册	叶社工	
2	内容讲解	50	1. 讲解如何赞赏孩子； 2. 讲解如何奖励孩子； 3. 好孩子计划。			
3	练习介绍 & 技巧演练	20	明白鼓励孩子良好行为的形式；透过导师示范，参加者亲身演练及导师从旁的指导，参加者能掌握亲子练习的步骤和技巧。			
4	总结	10	总结鼓励良好行为的内容；预告第五节的内容。			

第五单元

1. 小组基本资料

时间	3月23日 9:30—11:00	地点	××街阳光亲子园
本节主题	我都做得到！		
本节目标	1. 60%参加者理解到系统化教学的内容 2. 70%参加者理解到教导技巧的运用方法		

2. 小组内容设计

序号	环节名称	时长	具体内容	物资	负责人	备注
1.	第四节回顾	10	1. 重温第四节的内容； 2. 了解参加者在家亲子练习中遇到困难； 3. 让参加者知悉第五节的内容	1. 制作会员卡； 2. 统一印制家课； 3. 家长管教手册	叶社工	
2	内容讲解	40	1. 系统化教学； 2. 教导技巧			
3	练习介绍&技巧演练	20	明白教导技巧的要诀；透过导师示范，参加者亲身演练及导师从旁的指导，参加者能掌握亲子练习的步骤和技巧。			
4	总结	10	总结本节讲解的内容；			

第六单元

1. 小组基本资料

时间	3月27日9:30—11:00	地点	××街阳光亲子园
本节主题	大家做到了吗？		
本节目标	1. 70%参加者能够将小组所学知识活用到生活当中 2. 70%参加者的亲子关系得到改善		

2. 小组内容设计

序号	环节名称	时长	具体内容	物资	负责人	备注
1	内容讲解	15	活动时间表	1. 制作会员卡；2. 统一印制家课；3. 家长管教手册	叶社工	
2	回顾前面五节家长管教技巧的要点	40	主要是要诀和注意事项			
3	组员访谈	20	每个组员分享所学知识在家里使用的情况			
4	预告	15	预告小组下学期开办时间，鼓励组员们继续参加			

示例一：亲子小天地小组计划书

示例二：认识自我团体计划书

示例三：老人社交小组工作计划书

示例四："泡泡堂"生涯探索小组

项目六　小组工作过程记录

知识点1：整体框架

对小组工作的过程和成效用谨慎科学的方法加以记录，是社会社工在小组工作中所必要的工作方式。在小组工作过程留下完整而详细的记录，一方面可以帮助社会社工组织和整合在小组工作中的经验，对自己带领的小组的优缺点有较详尽的资料可以分析；另一方面也可以在过程中通过观察员的设置和专业督导的过程，更有效地找出小组社工个人的技术盲点，提升其小组工作的能力。

小组工作过程记录是在工作过程中对于小组活动实时状况的有效记录，也是监控小组执行过程的重要环节，做好小组工作记录不仅可以对于小组计划执行过程中的实际状况有清晰的了解，对于社工更好地认知小组工作的流程与执行有重要的作用，小组工作过程中的记录同时也利于后期小组工作的评估。一般而言，小组过程记录以每次小组活动为记录的单元，每个单元有以下几个基本内容（见下表）：

1. 基本资料

该部分内容主要记录小组活动单元的基本信息，包含小组名称、单元、时间、地点、出席人数、缺席人数、带队社工、协助工作的人员等。通过基本资料，大致介绍本次小组活动的背景性资料，记录此部分内容不需要过分详细，只需要将基本信息列出即可，如果有参加人员与工作人员的出勤信息，最好以附件的形式单独列出，基本资料的记录要求清晰、简洁。

2. 活动内容介绍

该部分内容主要记录小组每一节的活动安排，包含活动的简要流程，游戏与活动的基本设置，该内容记录的目的是让阅读小组记录的人清楚地解在本单元的小组活动中小组活动参与人员都参加了哪些活动，社工都做了哪些工作。该部分的写作需要参照小组工作计划,在实际执行环节中,如果有与计划有出入的地方,需要在记录时给予充分说明,要写清楚为什么实际操作环节临时变动了计划,原因是什么,而且要说明变动后的操作为什么适合当时的情况,做出必要的说明是避免小组活动计划书执行的随意性,增加对小组工作过程的有效监控。

3. 过程记录与评估

小组活动过程中主要涉及的对象有小组的参加者、社会社工,对于两者在活动中的表现与评估,在工作记录中是不可缺少的。

成员的行为表现,主要是由社工或者观察者完成,观察小组成员在小组的真实活动状况,分析其典型的行为表现,在小组之后的总结工作中,社工可以通过分析小组成员的行为表现初步评估小组活动的有效性与成员参与积极性的评估。成员分析除了包含个体分析之外,还包含成员之间关系与互动分析,分析小组成员之间的组织互动,了解小组内部组织动力的特征,在此基础上分析小组的互动活动是否起到一定的效果。

通过活动过程分析,逐个分析活动的各个环节,分析与评价哪些环节设置得科学、效果好,哪些环节在设置方面存在问题,是设计的问题还是执行的问题,是参与者的问题还是社工的问题,此部分由主要负责的社工进行观察与填写。通过整个环节的记录,达到每次活动之后的及时反馈,对于提升小组活动的效率是非常有帮助的。

4. 目标达成分析

小组活动之所以有效是通过每次的单位活动达成一定的目标,对每个单元的小组活动进行目标达成的分析。即该次活动主要有哪些目标要完成,完成了哪些,通过哪些单元设置完成的,哪些是没有完成的,为什么没有完成,应该如何弥补。

5. 反思与督导的意见

社工根据记录到的小组成员的行为表现,以及小组活动各个程序开展的情况,进一步分析小组工作中社工的工作状况,对于其个人的工作方式与工作状态进行反思,该部分有效记录了在工作中的实时状况,对于后续督导工作的有效开展与提升其专业能力有较大的帮助。

专业督导的作用不仅是体现在小组结束之后的评估,更重要的是通过小组过程记录找出小组工作中社工的问题,为改进服务质量与提升社会工作能力提出宝贵的意见与建议。

示例1：小组工作过程记录表（台北市某社会福利中心版本）

(1) 小组名称：青苹果俱乐部
(2) 小组会期：第　　次会期
(3) 聚会日期：　　年　月　日　时　分
(4) 聚会地点：
(5) 出席成员：
(6) 缺席成员：
(7) 小组目标：
(8) 阶段目标：
(9) 记录时间：
(10) 社工：

　　小组过程：(请详细描述本次活动的程序、讨论话题、沟通、角色分工、互助、凝聚力、士气、决策、领导形态等)

　　小组形成式评估：(请分析本次聚会达成阶段目标的情况，其有利因素与不利之障碍，并拟定下一次活动的目标与工作纲要)

示例 2：小组工作过程记录表（广州市社会工作协会 2013 年版本）

小组工作过程报告表（第____节）

一、基本资料：

活动名称：_____

时间：_____

地点：_____

出席：_____

缺席：_____

主带社工：_____

协助社工：_____

二、本节小组目标

目标	内容

三、小组过程

四、小组动力

五、本节目标达成

目标	具体情况

六、个别组员特别表现

组员	具体表现

七、社工反思跟进

八、督导意见

1. 社工表现评价：

2. 需要跟进及注意地方：

社工签名 _____
督导签名 _____
日期 _____

知识点 2：注意事项

1. 记录表设计的原则

客观良好小组工作记录来源于科学规范的记录表格的设计，一般来讲，过程记录表格的设计按照小组活动的单元来填写，一般是安排在每次小组活动时或者活动后填写，所以单元内容的表格设计得不宜太过复杂，结构要清晰，便于工作人员填写，如果要详尽记录小组参与人员的表现，最好将其行为观察表单独列出来，交予观察员填写。

2. 过程记录过程的时效性

如实地进行小组工作记录是填写小组过程记录的基本要求，故小组记录表最好在小组过程中找专人填写，有些项目可能需要在每次小组结束之后填写，但是时间间隔不能太长，防止工作人员凭个人记忆回忆过程，因为人类记忆的特征，在工作之后太久填写会增加内容的主观性与不确定性，遗漏关键信息。

3. 记录过程中文字描述的要求

在进行小组工作记录时，力求语言简洁、客观，对于整个过程的描述应该采用写实性的语言，不宜加入个人的主观臆断。对于小组成员的描述，应该客观描述个体行为，而非对该个体的评价。例如在一个青少年小组工作团体中，对于小 A 的描述在小组初期的描述为"在小组工作中他沉默不说话，当大家谈论他感兴趣的话题，他只是身体前倾"，这种描述是对其行为的客观记录，而非"小 A 很内向"，后者是带有判断性的记录，尽量避免此类叙述，因为此类记录无法体现记录的客观性，主观性的资料在记录过程中更容易误导社工本身。

示例:"教得其乐"家长管教技巧小组(第一节小组过程记录)[①]

专业小组单元记录

项目名称:×××街家庭综合服务中心　　　　档案编号:_____

小组名称	第二期"教得其乐"家长管教技巧小组(上学期——我都做得到!)		
本单元主题	大家的家——建立良好关系		
第__一__单元	预计人数:8人 实际人数:__7__人,1人请假	日期/时间	2017年3月9日,9:00—11:30
负责社工	叶社工	小组地点	××街阳光亲子园
小组过程记录			
小组环节	组员表现	社工处理、分析、反思或建议	
自我介绍	由于第一节小组,部分组员因为找场地而迟到,拖延了开小组的时间。所以原定的游戏环节因时间关系而取消,直接进入自我介绍环节。 　　在自我介绍中每位组员都积极分享介绍自己的情况,其中橙子妈尤为分享得多,尤其是讲述孩子的问题时更是滔滔不绝。后来到了最后子霖妈分享时只能用简短的语言介绍自己的情况。	小组成员角色:自我告白者:橙子妈,在自我介绍时过多分享孩子的问题。 　　小组环节的效果:本环节预期与实际效果基本一致,只是在时间控制方面由于其中一位组员分享的时间较长,稍微延长了时间。	
人约契约后	在制定小组约定时,组员都以聆听为主,但大家对于小组契约的内容比较认同,在听社工讲小组契约的时候眼神都注视着社工。最后在社工的带领下,大家也共同完成了小组契约的制定,并签上名字。	小组成员角色:积极参与者,聆听者。 　　小组环节的效果:本环节预期与实际效果基本一致。最后在社工的带领下,大家也共同完成了小组契约的制定,并签上名字。	

[①] 该小组单元记录源自广州市心明爱社会工作服务中心,本节记录由叶颖妍社工撰写,内容已征得服务对象同意并进行处理,未经允许,不得转载。

续表

小组环节	组员表现	社工处理、分析、反思或建议
亲子关系与孩子的成长	组员都能认真聆听社工讲解并适当用眼神和点头的方式与社工交流。组员子霖妈分享自己与孩子的关系还是算建立得挺好的。	小组成员的角色：积极参与者。 小组环节的效果：本环节预期与实际效果基本一致。
与孩子谈天	组员们都能认真听讲。在过程中，社工根据ppt上的内容做出提问，组员子霖妈和品鸿妈都能思考积极作答。	小组成员的角色：积极参与者。 小组环节的效果：本环节预期与实际基本一致。组员都能积极聆听社工的讲解，该环节顺利完成。
练习介绍	社工介绍完练习，安排两人为一组按照家长手册的练习内容来介绍。因有一名组员缺席，社工也参与到其中与道宇妈一组。	小组成员的角色：积极参与者。 小组环节的效果：本环节预期与实际基本一致。
技巧演练	刚开始组员都较为被动，不知所措。但在社工的带动和解释下，组员渐进佳状。社工与道宇妈一组练习，发现她能参与孩子谈天的技巧尝试。社工也在练习后观察其他组员的练习情况，发现承皓妈和子霖妈以及橙子妈和承皓妈这两组是最投入的。在练习展示时，也是承皓妈和子霖妈这组最为积极。	小组成员的角色：行动专家：承皓妈和子霖妈。 小组环节的效果：本环节预期与实际基本一致。每位组员都能参与到技巧演练中，并尝试运用所学技巧知识完成练习。
本节小组动力总结	➤ 本节沟通模式： ■链式(直线)沟通：组员只与自己两边的同伴进行沟通，而与其他组员之间的沟通不充分 □Y式沟通：每次信息传递都是通过两位处于领导位置的人开始的，组员之间只是单线联系 □轮式沟通：组员之间的每次沟通，都是通过处在核心位置的人来完成的，反映出一种领导与被领导的关系 □环式沟通：组员与自己周围的人沟通比较充分，没有沟通的起点与终点，也没有明显的领导存在，组员之间的领导与被领导，控制与被控制的关系不明确 □开放式沟通：允许在所有的组员之间进行自由的沟通，因此是最不具备结构性的沟通类型和方式	

续表

本节小组动力总结	➢ 运用到的沟通技巧（选择并说明） ☐ 不批评、非控制的态度：_____ ■ 平等协商的态度：关于小组时间，组员可以与社工充分沟通协商，并即场建立微信群，用以通知小组及即时提问 ■ 关注的技巧（谈话时在姿态、神态、眼神等各方面表现出关注）：社工在讲解时用粤语讲解，在过程中适当放慢语速，并时刻用眼神关注组员的表现 ■ 使用言语的技巧（使用描述性语言，少用评价性语言；使用开放式问题；使用简单句较多；少用模棱两可的语言）：社工在提问的过程尽量使用开放式问题来提问，也尽可能用较多简单句描述，以免组员不了解社工的讲解 ■ 积极倾听和适当回应：在组员自我介绍时，社工积极倾听组员的介绍，但在时间方面的控制需注意 ☐ 敏锐觉察对方的非语言反应，并及时有效处理：_____ ☐ 其他技巧：_____ 小组决策方式： ☐ 投票表决　　■ 整理共识　　　　　　　☐ 说服少数人放弃意见 　　　　　　　☐ 平均个人意见 ☐ 由专家来说服　☐ 由权威者宣布讨论后的意见　☐ 由权威者直接宣布决定　☐ 其他方式：_____

目标达成情况

本节目标	达成情况	分析说明
70%参加者参与讨论并确立小组契约	目标达成	在社工的带领下，组员们都在小组契约上签名。社工也再次强调契约中某些内容的重要性，组员也表示认同，也承诺会遵守。
70%参加者懂得一种以上建立亲子关系的技巧	目标达成	通过社工在组员练习时的观察，了解到组员都能活用与孩子谈天的技巧。在小组过程中，也能回答社工提出的关于建立亲子关系技巧的一些问题。
小组调整		在小组前，社工开展宣讲会介绍本小组的基本内容，同时招募组员。在宣讲会中征求了组员的意愿，社工原定小组时间为每周两节，由于这些组员都是特殊儿童的家长，时间限制较多，组员都比较忙，需要接送孩子。他们期望可以每周上半天，把原来每周上两次改成每周上半天，每次2.5小时，讲解两节的内容。因此，社工根据组员的意见初定了小组时间为每周四上午9:00—11:30。在开展小组时，社工与组员再次沟通关于小组的时间，组员认为还是这个时间会比较适合，所以整理组员的共识，社工把小组时间最终定为每周四上午9:00—11:30。

续表

跟进事项	暂无。
小组剪影	
项目主任审批	签名：_____ 日期：_____
督导审核	签名：_____ 日期：_____
同工回应	签名：_____ 日期：_____

项目七　小组总结报告

知识点1：总结报告的框架与结构

小组工作结束之后的一项重要的工作就是完成总结报告，对于小组工作的整个执行状况进行综合性的评估与总结，总结报告中包含了过程评估与结果评估两种评估方式，但一般是在小组工作完毕之后完成。小组工作总结报告书是小组工作总结文件中尤为重要的总结性文件，其结构与格式大致可以分为以下几个方面：

1. 小组主办机构资料

该部分要求记录小组工作的基本资料，即小组活动开展的机构、联系人、联系方式等基本资料，只需要简要列出即可。

2. 小组计划资料

小组计划资料是总结报告中重要内容，其中包含：小组工作的基本资料，例如小组名称、举办时间、服务对象等；小组目标；简要的活动计划摘要，主要包含小组的主要内容与流程；小组执行过程的描述，小组开展过程中遇到的困难与问题及其解决过程。

3. 财务报告

财务报告主要是报告小组活动过程的收支状况，经费与物资的使用情况，财务报告作为机构财务审计的重要依据，故在撰写财务报告时务必要对小组工作中所消耗的经费与物资做详细说明，如果需要更为清晰的物资使用情况也可以另外附表说明，尤其对于出现财务超支的情况要给予详细的说明，对于没有使用完的经费要及时退回，财务状况明晰也会为下次申请经费奠定良好的基础。

4. 附件部分

附件部分包含小组工作的其他一系列资料，这些资料既包含文本资料，也包括电子资料，例如小组活动的宣传物品的复印件等副本，活动印刷的小册子，活动的照片、录像。附件归类整理有助于保留以往的详细资料，对于有效总结与回顾将会起到积极的作用，附件部分最好列出归档物品清单（文本与电子），方便之后查找资料。

小组总结报告的具体内容

1. 基本资料	a. 活动名称 b. 性质 c. 目的及目标 d. 日期、时间、地点 e. 对象、预计人数、出席人数 f. 招募方法 g. 程序当日情况（例如天气或其他特殊发生的事件） h. 程序当日执行情况
2. 财政报告	a. 报告收支情况 b. 解释超支或盈余的原因
3. 评估与分析	a. 参与者分析 分析参加者与预期对象在数量和特性方面的差距 b. 宣传和招募策略 检讨不同市场策略和媒介的得失 c. 筹备工作 报告和分析进度及遇到的问题 d. 目标的达成度 评估对象的改变及目标达成度 评估有无其他无预计的不良后果 初步分析成败的原因，例如是由于程序执行的问题还是设计漏洞的问题 e. 活动设计的评估 按目标的达成度，分析活动设计须加留意或改善之处 f. 参与者对程序安排的满意程度 就参加者的意见，分析哪些安排须做改善
4. 总结及建议	a. 总结程序的得失 b. 评估目标是否过低、所花资源是否恰当、问题是否获得舒缓、有无副作用等 c. 建议日后是否仍须举办同类程序、应有哪些地方须改善等

资料来源：《活动程式设计的计划执行和评鉴》张兆球、苏国安等香港城市大学出版社

示例：小组总结报告

第一部分：小组机构资料

机构名称：_____ 联络人：_____

联络电话：_____

电邮地址：_____

第二部分：小组计划资料

小组名称：_____

小组对象：_____ 举办日期：_____

小组目标：（请用列点形式）

1. _____
2. _____
3. _____

小组计划摘要：

活动名称	举行日期	活动内容	参加人数	参加人次

小组推行报告：

筹备工作：筹备工作是否顺利，按照预期来进行。
建议：检讨，如何做得更好
目标之达成：小组结束是否达到预期目标
建议：
内容/形式之合适度：小组开展的形式是否适合小组成员的需要
建议：
人手分工：人手安排是否合理
建议：

续表

参加者表现:小组成员对小组内容形式是否满意,能否投入到小组中来
建议:
社工表现:工作人员是否积极按照活动程序设计来,维持好现场秩序,帮助参加者投入到小组中
建议:
其他意见:
跟进工作:小组后期对组员的跟进
总结:
督导意见:

第三部分:财政报告

编号	开支项目 须按原计划列出	实际使用金额		退回金额	
		分项	总额	分项	总额

※请详尽列出每项财政支出※

收入			
编号	项目	金额	备注
1.	机构拨款		
2.	参加者缴费		
3.	其他赞助		
4.	其他		
	总数：		

第四部分　附件

1. 活动照片（每个单元不少于五张相片以及相片的电子文件）
2. 宣传物品、如单张、海报、剪报等副本
3. 活动制成品如书刊、小册子、光盘、录像带或光盘等

机构负责人：＿＿＿＿＿＿＿＿＿＿

活动执行者：＿＿＿＿＿＿＿＿＿＿

职位：＿＿＿＿＿＿＿＿＿＿

日期：＿＿＿＿＿＿＿　　机构印鉴：＿＿＿＿＿＿＿＿＿＿

知识点2：评估概念与基本类型

1. 小组评估的概念

撰写小组总结报告，必须建立在对小组评估的基础上。在社会工作研究中，小组评估指的是对小组的一次干预过程，或在整个小组过程中进行资料收集，从而监测干预过程是否有效地完成了其既定目标，能够满足当事人的需要，是否对当事人产生任何有害的影响；干预过程中，哪些因素导致了预期的变化，哪些因素导致了意想不到的变化；干预过程中的投入与产出之间的比例是否合理。小组评估的最终目的是了解工作过程的有效性，组员改变的状况，以及机构管理的有效性（Rubin & Babble，1997）。因此，小组评估既是一种研究方法，又是一种工作方法。它是每个小组社工必须掌握的一个技巧，贯穿于整个小组工作全过程之中（Toseland & Rivas，1995）。

2. 评估方式的类型

（1）社工自评、组员自评、观察人员或督导的评估

在对小组做评估时，一般会采取多角度、多主体的评估。根据评估主体的不同，评估从以下三个维度进行：

① 社工自评

这种方式重在两方面的评估：一是工作内容，即目标是否达成；二是工作表

现,即小组社工在领导小组中的技巧运用和与组员之间的互动过程是怎样的。

在针对工作内容的评估上,可有以下相关问题:

小组的活动方案或计划是否有效?

能否准确评估小组形成等与组员的相关行为?

对组员的了解程度如何?

是否有效地协助组员获得了改变?

组员新行为的习得、巩固情况如何?

小组发展过程中,相关专业知识和技巧的运用情况如何?

能否有效运用了社会资源?

在针对工作过程的评估上,可有以下相关问题:

小组组员间的关系如何?

小组的气氛如何?

处理小组事件的效果如何?

能否催化小组,形成小组凝聚力?

能否建立与组员的良好的互动关系?

能否在小组过程中贯穿小组规范、运用小组动力?

能否自我反省、自我察觉?

示例:小组工作人员自我评估表

第(　　)期　　活动小组观察记录

小组名称:_____　　日期:_____

这个评估表是评估你在小组的领导技巧,请在最符合你本次小组的技巧运用栏目内画"√"。

项目	分项	需要做更多	现在做得很好	需要少做一点
观察	确认紧张			
	注意对谁说话			
	了解谁被遗漏			
	了解对我的意见的反应			
	发现何时小组逃避一个话题			
	确认角色			
	注意非语言行为			

续表

项目	分项	需要做更多	现在做得很好	需要少做一点
沟通	主动参与（数量）			
	简短、简要地说话			
	肯定的行为			
	主动地倾听			
	拘泥于某个主题			
	中断讨论			
	从聚会到聚会的桥梁			
	说话前先思考			
	对组员表达同理			
	使用有组织的架构			
	鼓励用"我的信息"			
自我表达	以言语表达生气			
	表现幽默			
	说感谢的话			
	隐藏感情			
	分享个人的经验			
忍受情绪的情景	面对冲突或生气			
	允许沉默			
	忍受紧张			
	接受亲密或情感			
	接受负面情绪			
	对挑战做出反应			
	接受预期的冒险			
	表现出没有防卫性			

续表

项目	分项	需要做更多	现在做得很好	需要少做一点
与组员的关系	挑战或面质个人			
	离开对自己的注意力			
	使用隐喻			
	自发性的反应			
	自嘲			
	创造一个安全的气氛			
	有控制的分享			
	以"此时此地"进行反应			
一般技巧	耐心地等待			
	邀请回馈			
	示范接纳			
	对过程的评价			
	鼓励组员采取行动			

小组工作人员：_____

② 组员自评

这种评估主要包括三个方面内容：一是参与小组的目标是否达成；二是参加小组过程的感受如何；三是小组效能如何。

在参与目标是否达成上，会涉及：参加小组之初的期望是什么；参加小组后最大的收获什么；小组过程带来了哪些个人改善；收获是否符合我们的期望，能否达到我们的期望值；个人的目标是否达成，小组的目标是否达成，二者之间是否有差异。

在参与过程的感受上，会涉及：在小组活动的参与情况如何；小组对自我探索的程度如何；自己在小组中的定位状况如何；小组中自身的努力程度如何；活动中与他人的互动状况如何；自身对小组的融入程度如何。

在对小组效能的评估方面，主要涉及：小组是否协助自己达成了目标；小组活动是否有效;小组过程是否有意义,有价值;小组气氛如何;小组凝聚力如何;社工的工作是否有效,是否符合自己的期望;小组组员的情感维系情况如何;小组组员的目标、进步状况如何;对小组满意的(或失望的)地方有哪些。

小组气氛自我评估表（徐西森,1997）

说明:回想小组其他组员互动的情形,在每一项目前的括号内写下适当的字母。
A. 他们总是这样　　B. 他们时常这样
C. 他们偶尔这样　　D. 他们很少这样
E. 他们从不会这样

我觉得和我同组的人:
1. （　）诚实对待我。
2. （　）掌握到我说话的重点。
3. （　）打断或不理会我提出的意见。
4. （　）接受我。
5. （　）当我干扰他们的时候,他们很自然地让我知道。
6. （　）误解我所说的和所做的。
7. （　）对我感兴趣。
8. （　）提供一种气氛使我能表现真实的我。
9. （　）有事藏在心里不让我知道。
10. （　）能洞悉我是怎么样的一个人。
11. （　）无论什么事都会考虑我一份。
12. （　）对我采取判断式的反应。
13. （　）对我完全坦白。
14. （　）能觉察我的困扰。
15. （　）不论我的技术、能力或地位如何,都能充分尊重我。
16. （　）如果我表现特异的话,就嘲笑我或不表赞同。
其他意见:（请注明）

小组满意度自我评估表（徐西森,1997）

请在所选择的与您情况相符的数字下面划圈。

极不符合 |—1—2—3—4—5—6—7—8—9—10—| 极符合
1. 我能在小组中向别人表达我的看法。
极不符合 |—1—2—3—4—5—6—7—8—9—10—| 极符合
2. 我喜欢这次小组活动。
极不符合 |—1—2—3—4—5—6—7—8—9—10—| 极符合
3. 我觉得在这次小组中学会了如何关怀别人。
极不符合 |—1—2—3—4—5—6—7—8—9—10—| 极符合

续表

4. 我对自己越来越了解。
极不符合 1　2　3　4　5　6　7　8　9　10 极符合

5. 参加小组使我对自己越来越有信心。
极不符合 1　2　3　4　5　6　7　8　9　10 极符合

6. 在这次小组中我乐于和其他人分享我的经验。
极不符合 1　2　3　4　5　6　7　8　9　10 极符合

7. 我觉得这次的小组经验很有意义。
极不符合 1　2　3　4　5　6　7　8　9　10 极符合

8. 我觉得这次聚会大家互相信任而且坦诚。
极不符合 1　2　3　4　5　6　7　8　9　10 极符合

9. 我喜欢社工的带领方式。
极不符合 1　2　3　4　5　6　7　8　9　10 极符合

10. 我认为下一次可以改进的是：

(说明：此表用于每次小组结束后，组员针对小组感受与意见的评估)

小组组员人际关系评估表（徐西森，1997）

先生(女士)：您好！

　　为了协助同学自我成长与适应发展，希望您在百忙中完成这份问卷，以协助我们了解其日常生活表现资料，作为我们对其进行辅导时的参考。您所填写的资料我们绝对保密。谢谢您的合作！

　　谨祝：工作愉快，身体健康！

　　　　中心　年　　月　　日

填写说明：

(1) 为使评估客观，当事人的表现行为指在各种情况下(如校内、家庭)的观察。

(2) 评估分数时，请不要过于宽容或苛刻，依照当事人的实际表现即可。

(3) 评估时首先了解数字所代表的意义：即"4"表示程度明显；"3"表示平均以上的程度；"2"表示平均程度；"1"表示平均以下的程度。

(4) 如果您已经明白了我们的指引，请在适合当事人行为程度的点数后打"√"

1. 他是否诚实、真诚、值得信任	1　2　3　4
2. 他是否对自己的行为负责	1　2　3　4
3. 他是否完成老师、家长指定的工作	1　2　3　4
4. 在紧张的情况下，他是否能保持身心的平衡与自在	1　2　3　4
5. 他是否对人有礼貌	1　2　3　4
6. 他学习是否努力	1　2　3　4
7. 他平时是否能认真、虚心地学习每件事情	1　2　3　4
8. 他对自己是否有信心	1　2　3　4
9. 他是否主动帮助别人	1　2　3　4

续表

10. 他是否办事严谨、考虑周到	1 2 3 4
11. 他是否尊重别人	1 2 3 4
12. 他是否能与他人愉快相处	1 2 3 4
13. 他对现实生活是否满意	1 2 3 4
14. 他是否能准时上下学(班)	1 2 3 4
15. 他是否遵守与他人的约定	1 2 3 4

另外,请您就三个月来,对当事人的了解(包括他的学习表现、生活情况、交友情况等)加以补充说明：

③ 观察人员或督导的评估

这种评估分为两方面：一是对组员的观察和评估,二是对小组效能的评估。

在对组员的观察评估上,主要会涉及：倾听的状况；自我表露的状况；组员间的同理、尊重的状况；组员间沟通的状况；有哪些破坏性的行为；有哪些抗拒、掩饰行为；有哪些防卫行为。对小组效能的评估上,会涉及小组计划的可行性和有效性如何；社工的工作行为如何；小组的结果如何。

示例：小组观察记录表

第（　　）期　　　　活动小组观察记录

小组名称：_____　日期：_____
小组工作人员：_____　缺席组员：_____
出席组员：_____
小组目标：_____
本节目标：_____
关键事件分析：
(1) 简述关键事件

(2) 哪位组员最受影响？有何影响？

续表

(3) 工作人员的介入目标和技巧
(4) 评价介入成效
(5) 工作人员感想及回应

(2) 形成式评估与总结式评估

根据评估进行的时间不同,小组工作评估可分为形成式评估与终结式评估两种。

形成式评估又称为过程评估,是对小组计划、方案和尚在进行的活动,以提出改进意见为目标,在小组过程中进行的一种评估。过程评估是明确存在的问题和改进的方向,获取改进工作的依据,寻求更理想的工作效果。其特点是特别重视评估的问题诊断和反馈调节功能,不太重视评估的分等鉴定功能。其优点在于真实性强,能反映评估对象的发展变化走向和影响结果评估的具体原因,其缺点在于操作比较复杂。形成式评估的写作方法见下面的范例。

示例："泡泡堂"职业生涯探索小组（形成性评估示例）[①]

（一）评估工具

1. 前期评估表

生涯探索小组辅导前期评估表

亲爱的同学：

首先非常欢迎你参与我们的"泡泡堂"职业生涯探索小组培训。在小组正式开始之前，请你如实填写以下问题。这将有助于我们这次活动的开展并保证你自身能从我们这次小组活动中受益，谢谢！

（1）你是怎样看待生涯探索的？
_____
_____

（2）目前你对自身的了解程度怎样？（请用1至5表示，1表示一点也不了解，5表示非常了解）

  1）兴趣 （　　）

  2）特质(特点) （　　）

（3）你清楚将来的自己吗？（请用1至5表示，1表示一点也不清楚，5表示非常清楚）

  1）未来职业 （　　）

  2）人生规划 （　　）

（4）吸引你参加我们活动的是：

  1）_____

  2）_____

  其他：_____

（5）你期望在我们小组有哪些收获？

  1）_____

  2）_____

  其他：_____

姓名：
日期：

[①] 刘梦，小组工作案例教程，中国人民大学出版社。

2. 每次活动意见反馈表

意见反馈表

亲爱的同学：

　　感谢你前来参加本次小组活动。下面的问题是关于本次小组情况的描述，您同意这些话吗？请根据你的实际感受，在合适的分数下画"√"谢谢！

	极不符合	不太符合	一般	比较符合	非常符合
(1) 我能在这次小组中向别人表达我的看法。					
(2) 我喜欢这次小组活动。					
(3) 我觉得在这次小组中大家能够彼此尊重。					
(4) 小组安排的场地让我感到舒适。					
(5) 参加这次小组使我对自己越来越有信心。					
(6) 我觉得这次小组经验很有意义。					
(7) 在这次小组中我乐意与他人分享我的经验。					
(8) 我觉得这次聚会中大家互相信任和坦诚。					
(9) 我喜欢小组领导的带队方式。					

(10) 在本次小组中我最喜欢的部分是_____，
　　 因为 _____ 。

(11) 在本次小组中我认为需要改进的部分是_____，
　　 因为 _____ 。

(12) 我对下次小组有以下期望和建议：
　　 _____
　　 _____

　　　　　　　　　　　　　　　　　　　　　　　　姓名：
　　　　　　　　　　　　　　　　　　　　　　　　日期：

3. 后期评估表

生涯探索小组辅导后期评估表

亲爱的同学:

  非常感谢你完成了"泡泡堂"生涯探索小组培训!在正式结束前,请再回答以下问题,使我们了解你在小组中是否有收获,这也有益于我们今后活动的开展。谢谢!

	极不满意	不太满意	一般	比较满意	非常满意
(1) 你对整个小组的印象					
(2) 你对小组组织者的印象					
(3) 小组氛围					
1) 对于在小组中的信任度					
2) 对于其他组员彼此间的尊重程度					
3) 对于在这个小组进行分享的程度					
(4) 个人成长					
1) 能够进一步了解自我兴趣					
2) 能够进一步了解自我特质(特点)					
3) 能够初步规划未来职业					
4) 能够尝试规划人生					
(5) 对我们小组,你喜欢的是什么?					
(6) 你觉得我们小组还有什么地方需要改善?					
(7) 我还想对小组组织者说……					

姓名:
日期:

终结性评估又被称为是结果评估,是以总结一个经历较长阶段并告一段落的活动为目的而进行的评估。其主要用途是对被评估对象进行鉴定,区分等级及预测未来发展趋势,其特点是关注结果,不关心过程。结果评估可以为决策者提供继续、修改或终止活动的信息,也可以为下一个活动做出方向性的指导。结果评估一般依据明确,结论性强,但无法反映过程,难以了解被评估对象纵向发展变化的轨迹,并易使被评估对象追求终极结果,忽视过程中的提高。终结性评估的写作方法见下面的示例。

泡泡堂职业生涯探索小组第3节"魔力水晶球"过程评估总结

专业小组总结报告

项目名称:××家综　　档案编号:×××××××

1. 小组基本资料

小组名称	第二期"教得其乐"家长管教技巧小组(上学期——我都做得到!)	负责社工	叶社工
小组日期	3月9日至3月30日,每周四,9:00—11:30,每次两节(由于中间因社工身体不适原因暂停一次,所以原定计划3月23日结束,延迟到下周3月30日才结束)	小组地点	阳光亲子园
人数	预计人数:10人　参加人数:8人	服务人次	44
义工人数	/	完成节数	6

2. 组员出席情况简报

单元	应出席人数	实出席人数	出席率	备注(出席率偏低的原因)
第一单元	8	7	87.5%	
第二单元	8	7	87.5%	
第三单元	8	8	100%	
第四单元	8	8	100%	
第五单元	8	7	87.5%	
第六单元	8	7	87.5%	
概述整体出席情况	整体出席率:92%　总体出席情况良好。			

3. 组员成长记录（每位组员的表现）

组员姓名	表现情况（摘述重点突出或转变的成长表现）	分析总结/跟进建议
潘女士	该组员在社工讲解的时候很认真，有时候会提及自己的孩子和自我表白，会配合社工完成社工布置的任务。	多邀请组员分享自己的经验。
方女士	该组员是小组中的自我告白者和信息提供者/寻求者，在小组中表现比较积极，积极参与到小组的每个环节当中，每次做家课都很认真完成。	该组员在小组中的表现较为突出，总是愿意分享自己的教育经验，对教材掌握还是挺好，可以发展该组员作为领袖，帮助其他组员更好地使用这个教材。
覃女士	该组员只有在小组第一、二节请假，但之后每次都有出席小组，并且在小组中的表现比较突出，是典型的自我告白者和信息提供者，该组员在小组中会经常分享自己的一些教育经验，但同时也会在小组中寻求帮助。	该组员在小组中的表现较为突出，总是愿意分享自己的教育经验，对教材掌握还是挺好，可以发展该组员作为领袖，帮助其他组员更好地使用这个教材。
李女士	该组员在社工讲解的时候很认真，较少会提及自己的孩子和自我表白，但会配合社工完成社工布置的任务。	该组员比较沉默，社工应给予更多的关注，适当邀请组员进行分享。希望在接下来的下学期的学习当中，能够带动组员更加积极地参与到小组中。
陈女士	该组员虽然不是典型的自我告白者和信息提供者，但在小组中一直积极参与，有时候也会提供一些教育经验和回应组员及社工。	多邀请组员分享自己的经验。
林女士	该组员在小组中也是比较积极认真参与，对教材、小组的认可度还是挺高，很愿意分享自己的教育经验，也是自我告白者和信息提供者。	该组员在小组中的表现较为突出，总是愿意分享自己的教育经验，对教材掌握还是挺好，可以发展该组员作为领袖，帮助其他组员更好地使用这个教材。
宋女士	该组员在小组第一节自我介绍时表露地较多，但在之后的课程中表达和分享得较少，在小组中比较沉默。	该组员比较沉默，社工应给予更多的关注，适当邀请组员进行分享。希望在接下来的下学期的学习当中，能够带动组员更加积极地参与到小组中。
邓女士	该组员在社工讲解的时候很认真，较少会提及自己的孩子和自我表白，但会配合社工完成社工布置的任务。	该组员比较沉默，社工应给予更多的关注，适当邀请组员进行分享。希望在接下来的下学期的学习当中，能够带动组员更加积极地参与到小组中。

4. 小组检视

小组前期准备情况		
➢ 宣传招募、组员甄选:小组原定招募8—10人,最后8人参与,该人数比较适合。社工通过开展宣讲会招募筛选组员,在宣讲会中征求报名者的意见,确定开展小组的时间再作筛选,筛选情况比较有效。 ➢ 物资场地准备:小组在阳光亲子园开展,环境舒适比较合适开展小组,空间比较宽敞有利于小组沟通互动。物资:手提电脑、教材、投影准备充足; ➢ 人员分工安排:没有招募义工。		
目标检视		
小组目标	目标达成情况	分析说明
1. 70%的参加者管教与教导儿童的知识获得提升;	目标达成。	通过每节的观察和练习、家课以及第六节的现场访谈中,社工了解到参加者表示管教与教导儿童的知识获得了提升,并且能够把所学知识运用到孩子身上。同时,组员已经能够使用1—2个管教技巧去处理孩子的问题。由此可见,他们的管教与教导儿童的知识的确有所提升。
2. 70%的参加者对于管教与教导儿童的自信心得到提升;	目标达成。	社工在小组中提问组员,了解他们对于管教与教导儿童的自信心是否得到提升。组员均表示通过这几节小组学习到不少管教技巧,感觉自己的信心有所提升,已经迫不及待继续参加下个学期的学习。
3. 60%的参加者孩子的问题行为有减少。	目标达成。	组员道宇妈分享自己使用了与孩子谈天和玩耍以及鼓励赞赏后,与孩子的关系变得更好了,而且孩子的一些问题行为也相应有减少。组员晋妈分享自己有尝试使用好孩子计划,鼓励孩子做良好的行为,减少了孩子的问题行为。组员浩宸妈也使用了与孩子谈天、玩耍、好孩子计划和活动时间表与孩子建立良好关系以及鼓励孩子做良好行为,相应的问题行为也随之减少。其他组员也表示自己也尝试使用了管教技巧去处理孩子的一些问题行为,情况还是比较好,孩子的问题行为确实有所减少。
财务检视		
预算开支:222元　　　　实际开支:_____0_____元 预算与开支平衡情况:(□+/□-)_____元		

社工反思(主要就小组动力方面)	
做得好的地方	需关注的地方
1. 社工每节都会跟主任沟通小组开展的情况，会根据主任的建议进行调整，使得小组能够顺利地开展。 2. 能够尽量还原本教材导师的教学内容和教学技巧，让组员们能够获取吸收；并适当结合组员的一些实际情况作为例子引用。 3. 在小组中设计家课环节和演练环节能够使组员对于所学的知识印象更加深刻和牢固。	1. 社工讲解时的方式如能更加生动会让组员听得更加认真，多举实际例子可以让组员更加投入。 2. N对于沉默者的关注还是比较少，多关注沉默者，尽量让每位组员都能够参与到小组中。 3. 知识储备不足，部分家长是自闭症孩子家长，社工对于自闭症的了解不足，应该再多关注和了解这方面的知识和多接触自闭症儿童。 4. 在监管家课和演练方面还是要关注多一点，尝试使用鼓励奖励的方式推进组员的参与。
参加者反馈(含义工的建议)	
参加者反馈： 我现在减少责骂孩子，多赞赏孩子，孩子确实比以前听话多，一些问题行为也相应较少了。我现在也正在使用系统化教学训练孩子去超市买东西，效果还不错，但还是要坚持使用才会看到更好的效果。	

5. 其他

突发情况应对	无。
小组后续跟进	继续开展"教得其乐"家长管教小组下学期

6. 审批意见

项目主任审批意见	签名：_____ 日期：_____
督导审核意见	签名：_____ 日期：_____
同工回应	签名：_____ 日期：_____

"泡泡堂"生涯探索小组总体评估

(3) 二二向度评价

小组评估的典型模式是戴伊的二二向度模式。戴伊提出运用多元的方式、人员和角度来评估小组成效。他用"小组内与小组外"和"自我与他人"两个变量、两个角度来评估,如下表所示。戴伊认为对小组效果或个人成长的评估可以通过四个方面来进行。

表　二二向度评价模式

项目	小组内	小组外
自我报告	(1) 行为检查表,个人行为及反应评估;(2) 小组经验日记;(3) 自我成长与进步报告。	(1) 辅导前后有关问题的检测,人格测验;(2) 自传;(3) 职业及生涯规划;(4) 单独与社工及组员咨询;(5) 小组后评估、问卷调查。
他人反馈	(1) 伙伴、社工、观察者小组组员行为、态度的评估;(2) 小组行为的评估;(3) 社会测量法;(4) 分析录音、录像带	教师、父母等(1) 评估及测量方法;(2) 非正式的,开放性的报告;(3) 亲友和教师的反馈;(4) 出席率、成绩及表现。

3. 评估的具体方法

评估方法很多,在小组评估中常用的方法有面谈方式、记录方式、精确的测量工具、问卷或评估表。

(1) 面谈方式

面谈法是一种非正式的评估方法,是由社工或专门的观察人员以小组或个人的方式与组员进行面谈,从而对小组工作进行了解,做出评估。

(2) 记录方式

此方法包括文字记录和视听记录。

文字记录指在小组进行的过程中,由专门记录人员将小组过程做摘要记录或逐字记录。视听记录就是用录音或录影的方式将小组过程记录下来,然后再由社工或评估人员根据这些记录对小组做出评估。

(3) 问卷或评估表

这是最常用的评估方法,通过设计相关的问卷或评估表收集各方面的意见反馈,进行小组评估。

(4) 精确的测量工具

为了使评估更具科学性、客观性,许多学者都进行了尝试并制定了多种测量工具,以确保收集的数据具有可比性、说服力。依据评估内容较常用的测量工具包括下列几项:

对个人行为改变的测量:行为计量、目标达成测量、情绪状况自我测量、价值澄清测量、自我了解与情绪了解测量、心理测量、婚姻沟通测量、人际能力测量、精神症状测量、自我概念测量、情绪测量、子女态度测量等;小组改变测量:行为计量、小组结构测量、小组过程测量、分享特点测量、社会心理工具测量等;环境改变测量:人际关系量表、关系变迁量表等。

总之,评估时采取的测量方法很多,要根据小组的性质、组员的状况、小组的目标等多方面因素来选择,才能发挥测量在评估中的最大效用。

知识点3:工作资料整理

小组工作中,对于整个的文案进行系统的整理和与归档,是每个社工在日常工作中要完成的一项必要工作,鉴于此,我们将小组工作中常用的表格进行汇总,并且罗列出各个文案资料的逻辑关系,有效的文件整理与归档对于工作人员自身的成长、督导的评估,以及提供相关服务的佐证材料都是必需的。

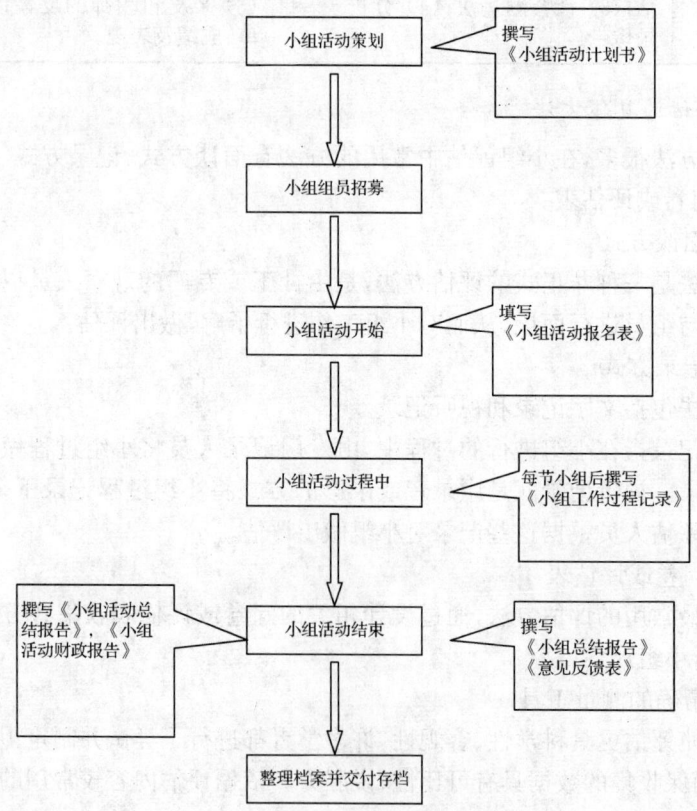

图 小组活动表格使用指南

小组工作文书汇总表

文书名称
小组活动计划书
小组活动报名表
小组活动点名表
小组活动参加者意见反馈表
小组过程(分节)记录表(服务记录)
小组活动财政报告
小组活动总结报告
其他(图片、音像资料)

小组活动参加者意见反馈表

这份问卷的目的是收集您对社工及本机构服务的意见,以改善社工及机构的服务。请选择最能代表您的意见的答案。您的意见将会被保密,而您给予的意见并不会影响您现时或将来所接受的服务。现诚意邀请您抽空填写问卷,完成后请交予有关工作人员。

多谢合作!

活动名称:_____   活动编号:_____

请在最能代表您的意见的答案打"√"

A. 对该项活动的评价

评估指标	非常不同意				非常同意	
1. 我满意活动的时间编排	0	1	2	3	4	5
2. 我满意活动的形式	0	1	2	3	4	5
3. 我满意活动的场地	0	1	2	3	4	5
4. 我满意以下活动的内容						
4.1 (按需设计内容)	0	1	2	3	4	5
4.2 (按需设计内容)	0	1	2	3	4	5
5. 社工表现						
5.1 我满意社工的工作表现	0	1	2	3	4	5
5.2 我满意社工的工作态度	0	1	2	3	4	5
6. 我投入此活动	0	1	2	3	4	5

B. 对社工及机构服务的评价

评估指标	非常不同意				非常同意		备注
1. 整体来说,我满意社工及机构提供给我的服务	0	1	2	3	4	5	
2. 我解决问题的能力提高了	0	1	2	3	4	5	
3. 我觉得使用结构服务后,我更容易找到别人给予我的支持(如:父母、兄弟姐妹、朋友、同事、邻居或小组组员等)	0	1	2	3	4	5	

C. 您对活动的其他意见或建议是：
_____
_____

参加者姓名：_____
日期：_____

小组活动财政报告

活动名称：_____　　　活动编号：_____

序号	收支项目	收入(元)	支出(元)
1			
2			
3			
4			
5			
...			
10			
总计(元)			
财政状况报告	如：按照计划执行,未超支……　　　　　　　　　　　　　　　　　　　　　负责社工签名：_____　日　　　期：_____		

续表

上级督导意见	如:情况属实…… 上级督导签名: 日　　期:

※ 盈余/(亏损)_____　　※ 请删去不适用者

附录:广州市心明爱社会工作服务中心小组工作服务文书

第三篇 社区工作文书

社区工作方法是社会工作三大方法之一。广义的社区工作是指在社区内开展的以提高社区福利、促进社区和社会协调发展的社会服务或社会管理。狭义的社区工作是社区社会工作的简称,指专业的社会工作机构及社会工作者关于社区工作的理论、方法、技能及其应用过程。在社区工作中,常见的文书有社区导向报告、社区活动文书、社区调查报告等。

项目八　社区导向报告

社区导向报告,是通过进入社区调查,就社区的某一方面或几个方面的导向实效写出有根有据的总结性材料。对于社会工作者而言,要撰写好社区导向报告,首先要认识和了解社区,收集资料,全面认识和了解社区,主要围绕社区的基本概况展开,具体内容包括:社区基本概况、社区资源地图、社区问题分析等。

知识点1:了解社区基本概况

社区是指由居住在某一地方的人们结成多种社会关系和社会群体从事多种社会活动所构成的社会区域生活共同体。了解社区包括社区现状、社区历史、社区的制度和结构、社区资源、居民生活水准、生活方式和人际关系等内容。

1. 了解社区

它包括以下几个方面:

(1) 社区现状。包括社区的名称、地域、人口、组织机构、所属行政区划、与地方政府以及其他社区和社团的关系等。

(2) 社区历史。包括社区的由来、社区的发展历程、社区历史上出现过的重大历史事件和重要人物、社区的文化传统及物化标志。

(3) 社区的制度和结构。包括社区的各项管理制度、社区的重要组织及其负责人和社区居民的阶层结构。

(4) 社区资源。通常包括五大类：一是人力资源，包括社区中所有的个人体力、技术、智慧、助人意愿以及人际关系等。人力资源重视的人包括社区领袖、各行各业的专家、学者、领导人、社会工作者、志愿者等。二是财力资源，主要是社区服务所需要的经费，一般有政府支持、社会捐助和服务收费三个来源。三是物力资源，主要是可用于社区服务的场地、设备。如社区内大中小学的教育、运动场、现代化的多媒体教学器材等。四是组织资源，主要是社区内的各类组织。如学校、社团、工商企业、基金会等。五是文化资源，主要是社区成员的精神活动、生活方式和行为规范。如社区居民的信仰、价值观、行为规范、历史传统、风俗习惯、生活方式、地方语言等。对社区资源分析就是所开展活动的社区的资源种类及可利用资源进行检查(见表8.1-1)，并利用资源种类表，检查社区资源运用情况，对资源检查结果，分类处理，建立资源档案。(见表8.1-2)

表8.1-1 社区资源种类

	社区内部资源		社区外部资源	
	正式资源	非正式资源	正式资源	非正式资源
人力资源				
财力资源				
物力资源				
组织资源				
文化资源				

	已存在的资源		现不存在的资源		备注
	已使用的资源	尚未使用的资源	可开发的资源	无法开发的资源	
人力资源					
财力资源					
物力资源					
组织资源					
文化资源					

表8.1-2 社区资源档案

名称	联络地址	联络电话	电子邮箱	资源项目	负责人	资源情况	是否收费	备注
人力资源								
财力资源								
物力资源								
组织资源								
文化资源								

（5）居民生活水准、生活方式和人际关系。居民的生活水准是指由居民的收入、家庭规模和居住条件等因素决定的实际生活状况；居民的生活方式是指居民的生产方式、消费方式、娱乐方式和休闲方式等；人际关系主要是指居民之间互动的频度、深度、方式、性质等。

2. 了解社区的方法

完成社区导向报告需进入社区开展调查，通过整合前人经验整理出各种切入社区的工作方法，可以帮助社会工作者进入社区和熟悉社区，完成社区导向。进入社区的方法有：

（1）社区漫步

社会工作者于不同时段在社区中漫步，一方面，可了解社区的环境和面貌，如街市、公园、球场、购物中心、企业等；另一方面，也可观察居民的生活情况。

（2）实地观察/考察

观察是指从旁观察，即在社区内驻足注视居民及组群的情况，包括打扮、行为、互动、谈话内容等；考察则有参与其中的含义，如与居民闲聊，又或者利用调查问卷等具体了解目标群体。在观察过程中，社会工作者应展现亲切的态度，保持微笑的面容。

（3）拜访

拜访社区领袖、居民组织或相关部门，如街道办、社区工作站、老年协会、老年大学、居委会、物业管理处等，以了解其生活、运作模式，并建立初步关系，以便日后与他们进行合作。

（4）社区服务机构

观察、了解社区里的服务机构，弄清它们的分布情况，如街道办事处、派出所、学校、医院、卫生中心、部队、家庭服务中心等。

（5）社区"气象站"

从观察中留意、确定社区内居民非正式的聚集地，这里通常是居民讨论社区情况或"八卦"场所，我们称之为"社区气象站"，这是收集居民生活信息的有效平台。

（6）活动、服务、个案

尝试参与该社区内不同组织筹办的活动或服务，如经常在社区内见到居民打麻将或下棋，社会工作者也可以尝试参与其中，以便与居民"混熟"。通过在互动中"八卦"居民闲话家常的议题来了解社区问题，如邻居的"家事"、社区的卫生问题、子女读书问题等。

（7）街站、街头小聚、游戏站

相对上述方法而言，街站、街头小聚和游戏站等，都可以是社会工作者主动与居民建立接触的方法和途径。

（8）特定工作组、项目

在工作站内，社区的各位专职干部分别负责不同的社区事务及项目，包括和谐社区建设、环境卫生等，社会工作者可主动向专职干部了解与社会工作有密切关系的项目，并要求参与和提供协助。这也是一种有效了解工作站及社区情况的有效办法。社会工作者协助或参与目的，是了解工作站和社区的情况，而非把负责的工作揽在自己的身上。社会工作者需要在事前就此与专职干部进行有效沟通，以免导致误会。

（9）特殊事件介入

社区内经常会发生不同的事情，如邻里冲突、自杀事件、交通意外、卫生问题等，社会工作者要懂得把握时间做有效介入，这样不仅能协助居民解决问题，也容易得到居民的认同并进而与居民建立信任关系。这里所提到的介入，不是要求单凭社会工作者一己之力去解决问题，而是要求社会工作者对事件保持敏感和关心的态度，迅速响应并做出行动，以便有效协调居民及社区资源参与并解决问题。

（10）家访

家访是相对较为微观的介入方法而言的，可在社区工作中配合其他方法使用。家访的重点不单在于个别介入，而应该是为了通过不同的家访，了解居民或特别群体的实际生活面貌,整合出集体的需要。

(11) 社区调查

社区调查是一种可以帮助社会工作者了解社区居民需要及情况、激发居民对社区的关怀意识的科学化的工作方法。具体内容参考原文项目九所述。

(12) 资料搜集

对于社会工作者而言,无论是政府还是其他社会机构所拥有的统计、报告书、互联网信息、区报、图书等,都是经过整理的社区资料,社会工作者不妨借用和参考,以便更深入地了解社区的历史文化背景与现实状况。

以上所提到的各种方法,很多都能综合运用,而且彼此之间没有很清晰的界限和先后顺序。[1]

知识点2:绘制社区资源地图

社区资源地图是指社会工作者进入社区,将能够满足社区居民生活需求的一切自然物质资源和人为的社会文化制度并以地图的形式描绘出来。绘制社区资源地图,更直观地呈现各项资源的位置、距离远近、交通便利程度、使用成本、品质等多方面的信息,也形象地表现出社区资源的分布是否均匀合理。

社区资源地图具体内容包括:社区交通要线、重要机构、地标建筑、植物生态、产业活动、历史空间、传统小吃、心灵角落等有关社区内一切可运用的资源。根据社区地图种类,社区资源地图分为:单一主题的社区资源地图、综合主题的社区资源地图。

1. 绘制社区资源地图的准备工作

(1) 先选定基础范围

当准备制作一份社区资源地图时,首先进行的第一项工作就是决定调查地域的基础范围,便可通过网络、地图或规划部门等计量单位找到选定区域的基本图,作为后续实地调查时的记录底图,记录底图不需要过多详细的信息,仅需要有大致的地形方向与主要地标或街道即可。

(2) 进行实地调查与记录

选定好区域范围后,从寻找社区资源开始,进行社区调查,与社区居民对话,体验社区里的生活,观察居民的作息方式,也通过查阅文献资料的方式搜集图书资料、影音资源、老照片、户政资料、地图、地政资料、古文书、新闻资料等,讨论哪

---

[1] 转自《社区社会工作实务手册》,香港·社会服务发展研究中心,中山大学出版社。

些特色资源可以被记录。随后针对主题开展调查工作,带上记录用的笔和基础地图,开展实地调查,有必要时可以针对社区居民进行访谈,有针对性地进行信息收集和记录。

(3) 地图内容编辑与绘制

将调查成果整理后,依据社区资源地图的主题,从中挑选出值得记录的特色,并逐一标示到社区地图的制作图面上。为了让地图的内容更加丰富有趣,各标示点除了以文字表示外,也可设计特定的图示来代表(如书本来表示书店),或是请社区里擅长绘画的居民补充一些有趣的插图以及吸引阅读。不过,为了方便辨识,地图的标示点也不宜过于密集,如果需标示的内容较多,则可以以编号的方式来记录,在另外空白部分补充说明各编号的代表意义。另外,也务必记得在地图角落处标记指北方式,方便阅读与实际对照时使用。有时为了说明社区的历史背景而沿用一些参考资料或老照片,需注明出处。

2. 绘制社区资源地图的步骤

绘制资源地图,包括选定合适的主题、挑选适当的底图、标出各点的位置、进行数字化处理四个步骤。

(1) 选定合适的主题。在一张纸上先画出基本图的主要街道和一个主体性区域,画图区域也可以是学校附近、活动广场,或者其他认为有意义并想更深入了解的地方。

(2) 挑选适当的底图。在网络或者地图中,利用测绘部门或地图软件公司等提供的地图为基础,找到选定区域的基本地图,放大列印出来实地调查使用。

(3) 标出各点的位置。根据实地调查,在地图旁边或背面的空白处,对每一景点做基本的描述,写下探勘的心得,让使用地图的人,可以透过我们的观察,更进一步了解这个地区。绘制社区地图的过程中可以邀请社区成员参与,既可以帮助社区成员了解和熟悉社区资源,增强居民对社区的认识,也有助于充分利用居民对当地的认识,发现一些未在相关部门登记或注册的非正式资源。

(4) 进行数字化处理。在收集到许多资源资料后,先判断哪些资源属于社区资源,并依照不同的图示类别分类,利用颜色或图示进行标注,并标注好制图者全体人员的名字、制作日期等相关内容。

知识点3:分析社区问题

社区问题是指存在于社区中,对于社区居民生活有不良影响的事件或者问题。一般来说,社区中大部分居民的某些需要得不到满足时,就会形成社区问题,包括社区居民自身遇到的困难,居民和社区机构认为社区存在的问题等。社区问题分析包括社区内共同问题的分析和社区内群体性问题分析。

1. 社区内共同性问题的分析

所谓共同性问题是指社区所有居民都卷入其中的,有明显的"集体性"。因此,可以通过政府公开的统计资料、学者的研究报告、媒体的报道等资料了解,也可以通过访问社区居民获得。

2. 社区内群体性问题分析

社区内群体性问题分析包括社区中的老年人、青少年、妇女、残疾人、失业者、贫困者和低收入者等。分析的角度有:该人口群的共同属性是什么?人口的分布和人口的数量如何?群体存在的问题是什么?政府是否有相关政策扶持,内容如何?民间和社区组织是否提供服务,内容如何?

3. 社区问题分析步骤

(1) 描述问题。描述居民的感受,明白居民的思想感情和对问题的认识。

(2) 界定问题。从居民的立场上考虑居民的问题,界定问题,并且讨论问题产生的原因。

(3) 明确问题的范围。弄清楚受问题影响的人数,受影响的方式,持续的时间等。

(4) 问题的起源和动力。找出问题产生的原因,进而思考解决这些问题的可能的动力因素。

社区导向报告示例:南京××村社区导向报告[①]

××村是一个大型普通居民住宅小区,周边交通方便,各类生活配套服务设施(商业、金融、教育、医疗、便民等)齐全。小区环境优美,设施齐全,是个居住的好地方。为了更好地去了解社区的发展,所以选择了××村作为调查单位,对其做了深刻的调查,从而发现了它内部的一些优势以及一些不足之处。该村所提供的服务主要有娱乐、医疗、教育、未成年人服务、心理健康服务等。老旧小区提出新改造政策完善了社区的基础设施,改善了医疗和小区的卫生环境。××村的整体服务还是很齐全的,不仅关注到了未成年的利益,而且关注到了老年人的

---

① 资料来源:http://wenku.baidu.com/view/96559edfad51f01dc281f13f.html?from=search.

利益；但是，服务的设备稍微陈旧了一点，小区的环境卫生稍微有点不如人意。

1. 社区基本资料

（1）历史：民国22年，南京市划分为8个行政区划单位，始有区级行政建置。当时，玄武区为第一区。玄武区是南京市的中心城区之一，东北部地势雄伟，山环水绕，地处中纬度地区。××村社区地处南京市玄武区，是20世纪80年代的老社区，具有三十多年的历史。在市委市政府的关怀和支持下，市、区和街道先后投入500多万元对小区进行改造出新。如今，小区已经旧貌换新颜，摇身一变，成为老旧小区出新改造工程的典范社区，小区内居民的幸福感得到了明显的增强，社会治安工作也得到了进一步的加强。

（2）基本数据：占地面积86,000平方米，绿化率30%，停车位100，总户数586户。

（3）理念/目标：让老人能够安居晚年，让未成年人健康无忧地成长，让成年人减少生活的压力，创建文明城市，共建美好家园。

（4）行政架构：××村社区居民委员会，××村支部委员会。

（5）财政来源：政府的补贴；小区内部的一些商业利益；居民交的物业费；社会援助等等。

（6）社区组织：××村支部委员会，××村居民委员会，××村社区邻里中心，心理健康咨询中心等等。

（7）社区基础设施及文娱设施：××村幼儿园，南京中专直属校区，××村社区里面的小商贩和店铺，绿色上网中心，娱乐广场，心理咨询中心，未成年活动中心，医务室等等。

（8）整体印象及评估：××村的社区各方面的发展都是很稳定的，并且各方面的设施也很齐全，财政的来源也很广泛，为小区成员的生活提供了方便，对居民的健康也有所保障，对小区的未成年的利益也有所帮助，但是小区也存在其他方面的威胁，所以小区的发展还是个长期的过程。

2. 社区资源

（1）社区人口：××村是个比较大型的普通居民校区，户数是586户，有人口约2,300多人，其中低保户占全部人口的5%左右，老年人口占全部人口的30%左右，有职业的成年人人数占全部人口的40%左右，没有职业的成年人人数占全部人口的5%左右。

(2) 社区服务

a. 福利服务

娱乐广场:服务对象是全体居民,丰富了居民的生活方式。

心理咨询中心:为居民的心理健康提供了保障,增强了居民的归属感和认同感。

未成年人活动中心:服务的对象是未成年人,让他们有自己的活动中心,同时也减少了家长的压力。

b. 教育服务

幼儿园:服务的对象是小区内的孩童,让他们在适合的年龄进入学校学习文化知识。

南京中专直属校区:服务的对象是青少年,让他们能够习得一技之长。

绿色上网:服务的对象是成年人,用来打发他们的空余时间,也用来学习知识。

c. 医疗服务

医务室:服务的对象是全体居民,给居民的健康提供了帮助。

d. 房屋

服务对象是全体居民,给居民的居住环境提供了保障。

3. 社区问题

(1) 卫生问题:××村幼儿园里的卫生也是让人感到惊讶,严重影响到了孩子的健康;××村社区里面的小商贩和店铺不够规范化,感觉不是很卫生,不是很正规,严重影响了社区的形象。

(2) 宣传问题:××村的未成年活动中心宣传力度不够,有一些居民反映根本不知道它的功能是什么,完全将其当成了托儿所,并且使用率较低。

(3) 医疗问题:××村里的医务室招牌都没有,看起来一点都不正规,实在让人担心居民的身体健康问题和医疗问题。

(4) 设施陈旧:××村的空调架,据居民反映有时候空调架上的损坏物会砸到人,这严重影响到了××村居民的生命安全。

(5) 社区与其他组织的互动关系:与街道、社区中的企事业单位等组织联系较好。

(6) 社区心理与文化:××村内有心理健康咨询中心,市民学校(未成年人活动室)和社区邻里中心,这些组织使××村居民的归属感和认同感在居民委员会的努力下得到了提高。××村的居民对社区的总体映象还是不错的,他们觉得社区为他们提供了休息的广场和娱乐的组织机构,而且社区内的公共设施还是相对比较齐全的,所以居民对社区的印象是不错的。对于社区内的工作者,居民的意见不一,有的人认为社区工作者工作是很认真的,平时还会组织一些活动来充实大家的生活,总体上说是不错的,但是有的人则是认为社区工作者的工作不是很认真,尤其是低保户家庭反应低保的发放不是很及时,到了过节的时候,礼物的发放也不及时,有时甚至不发放,这些引起了一些人的不满。

4. 社区的优势、优点

(1) 社区内的人口分布较为均匀,人口数量较多,是个成熟的老小区。

(2) 该社区的交通便利,周围公交便利,靠着学校、邮局、银行、医院、餐饮和购物广场,为居民的生活提供了很大的方便。

(3) 社区内的社会心理受到了工作者的重视,居民的归属感和认同感较强。

(4) 社区内的社会组织较为齐全,为居民的生活提供了方便。

(5) 社区内的公共设施较为齐全,教育、医疗、福利等方面都得到了相应的发展。

5. 社区发展的限制及困难

(1) 社区内的老年人很多,居民的平均文化水平不是很高。

(2) 该社区是个老小区,设备比较陈旧,由于居民生活的习惯性,所以不能过多地改变社区的布局和格局。

(3) 缺乏专业的社会工作者,很多方面的发展不能跟上时代的潮流。

(4) 由于近些年政府对小区的补贴没有增长,但是物价一直在涨,所以资金不足,很多设施得不到更新。

整体印象及评价:从总体来看,××村社区是基本上具备了社区的各要素,集福利组织、娱乐、医疗、教育、服务、交通等于一体。但是社区内部的基础设施、文娱设施等较破旧和落后,很难满足人们不断增长的需求。为了更好地实现社区的社会化、社区控制、社会参与等方面职能,社区各方面建设还有待于加强和提高。

6. 探访的机构与人员(社区服务中心、福利院、低保户等)

(1) 简介

a. 我们探访了社区的医疗机构,着重探访了医务室我们发现医务室是小区建立时就有的,年代有点久,所以整体看起来不是很先进,包括其中的医疗设备和医疗技术。医务室因为年久失修连招牌都没有,所以看起来有点不正规。

b. 我们探访了低保户,他们的生活条件不是很好,家里的环境也是比较差的,家里的生活设备也不是很齐全,很多的生活必需品都很欠缺,但是生活还算美满。逢年过节,工作人员会相应地发放一些生活必需品来资助他们的生活。

(2) 整体印象以及评价

a. ××村医务室的招牌都没有,看起来一点都不正规,实在让人担心居民的身体健康问题和医疗问题。年久失修是个严重的问题,需要及时地解决,否则必将影响居民的生活。

b. 社区的工作者工作还是很认真的,他们关心低保户和需要帮助的居民,让他们体会到人情的温暖。增强了社区居民的归属感和认同感,让居民的生活更加方便,更加美满。

7. 总结

××村的建设还是比较完善的,但也存在着一些不足之处,很多的公共设施因为年久失修而存在着各种问题,小区的环境还是有不尽人意的地方,希望××村的建设会越来越好,真正成为美好家园。

项目九　社区调查报告

社会调查是指社会工作者有目的、有意识地通过对社会现象的考察、了解、分析、研究,认识社会生活本质及其发展规律的一种自觉认识活动。一次完整的社会调查中,常见的文书有调查方案、调查问卷、访谈提纲、调查报告等。

知识点1:调查方案

调查方案的一般性内容包括:界定调查问题;阐述调查目的;选择调查类型;确定调查对象及分析单位;选择资料收集、分析方法;设计抽样方案;设计调查问卷或调查提纲;考虑研究人员的构成;确定调查场所、时间与进度安排;编制调查经费预算。

1. 调查类型

社区调查有不同的类型,按调查范围分,可分为全面调查和非全面调查。

全面调查也叫普查,指对构成总体的所有个体无一例外地逐个进行调查。如1953年、1964年、1982年、1990年、2000年、2010年我国开展的人口普查。全面调查的特点是:(1)工作量大,费时、费力、费钱;(2)资料准确,适于了解总体的基本情况;(3)需要高度的组织和高度统一的安排;(4)调查项目不能多,一般只限于了解最基本的情况。在社区服务中,例如高龄长者需求调查、离异家庭服务需求调查等,如调查的对象人群少,可以使用全面调查的方式。

抽样调查是非全面调查的一种。是指从所研究的总体中,按照一定的方式抽取一部分个体进行调查,并将在这部分个体中所得到的调查结果推广到总体中去。与普查相比,抽样调查的特点是:(1)省时、省力、省钱;(2)能快速获得数据资料;(3)能比较详细地收集信息,获得内容丰富的资料;(4)准确性高(通过控制非抽样误差来实现);(5)应用范围广泛。在对社区进行普适性的调查,如对社区公共卫生问题的调查、社区居民服务需求调查等,一般使用抽样调查。

另外,按调查目的分,可分为探索性调查、描述性调查、解释性调查;按收集资料的方式分为问卷调查和访问调查;按调查时间分一次性调查、经常性调查、追踪调查等。在制定调查方案的时候,需要根据调查目的确定选择适用的调查类型。

2. 分析单位

分析单位是指一项调查所研究的对象,是收集资料的基本单位。分析单位有5种形式:

（1）个人。是调查研究中最常见的分析单位类型。大部分的调查研究都要通过个人特征来描述或解释各种社会现象。

（2）群体。指具有共同特征的一群人。由于群体与个人密切相关,有时候可以从个人的特征中提取群体的特征,但不能用群体特征推及个体特征。

（3）组织。为达到某种共同目标而联合起来的社会团体。如企业、学校、商店、医院、政党等。

（4）社区。以一定地域为基础的人们的生活共同体。如乡村、城市、街道等。

（5）社会产物。包括社会产品、社会事件和社会制度等。书籍、报刊、歌曲、图片、公告、建筑等就是社会产品;社会事件可指个人发生的重大生活事件如婚姻、考试、学习、求职、死亡,也指社会上发生的重大事件如游行、欢庆、闹事、上访等。社会制度如家庭制度、生育制度、考试制度等。

以上五个分析单位层次从低到高,逐级递进。在使用中要注意的问题:

（1）根据调查的需要,可以选择多种分析单位。

（2）在调查过程中可以增加或改变分析单位。

（3）无论你是采用一个分析单位还是几个分析单位,一定要保证作结论时所使用的分析单位,就是运用证据时所使用的分析单位。

与分析单位有关的两类错误:

（1）层次谬误（Ecological Fallacy）。又称生态学谬误、区群谬误。是指在社会调查中,研究者用一种比较高的分析单位作调查,而用另一种比较低的分析单位作结论的现象。

如调查犯罪问题时发现:"黑人多的城市的犯罪率比黑人少的城市的犯罪率高。"(分析单位:城市)由此得出结论说:"黑人更容易犯罪或犯罪率高。"(分析单位:个人)

（2）简化论（Reductionism）。又称还原论、简约论,是指研究者用比较低的分析单位来收集资料,而做出的却是有关比较高的分析单位是如何运行的结论。

如对城市的人口进行调查时发现"流动人口比非流动人口的犯罪率高",由此推出"流动人口多的城市比流动人口少的城市犯罪率高"的结论。

3. 抽样

根据调查总体中每一个个体有无同等的机会入选样本,可以将抽样分为概率抽样与非概率抽样两大类。

概率抽样是依据概率论的原理,按照等概率原则进行的抽样,因而它能够避免抽样过程中的人为误差,保证样本的代表性。此法在社会调查最常用。

非概率抽样主要是依据研究者的主观意愿、主观判断或是否方便等因素来抽取调查对象,它不考虑抽样中是否等概率,因而往往产生较大的误差,难以保证样本的代表性。此法在社会调查中用得较少。

根据抽取调查对象的具体方式的不同,又可分将概率抽样与非概率抽样分为若干小类,具体分类如下图所示。

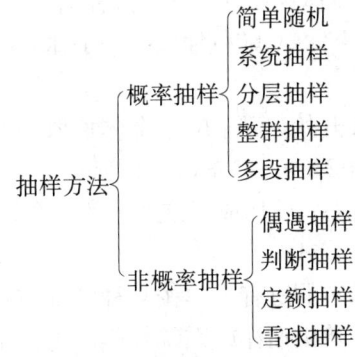

(1) 简单随机抽样

简单随机抽样是按等概率原则直接从含有 N 个个体的总体中抽取 n 个个体组成样本($N > n$)。其典型的抽样方法一是抽签;二是利用随机数表来抽样。

利用随机数表进行抽样的具体步骤是:

① 先取得一份调查总体所有个体的名单(即抽样框);

② 将总体中所有个体一一按顺序编号;

③ 根据总体规模是几位数来确定从随机数表中选几位数码;

④ 以总体规模为标准,对随机数表中的数码逐一进行衡量并决定取舍;

⑤ 根据样本规模的要求选择出足够的数码个数;

⑥ 依据从随机数表中选出的数码,到抽样框中去找出它所对应的个体。这些个案的集合就构成样本。

简单随机抽样适用于总体单位数目和所需样本数目都比较少的情况。

(2) 等距抽样/系统抽样/机械抽样

等距抽样是把总体中的个体进行随机编号并排序,再计算出某种间隔,然后按这一固定的间隔抽取个体的号码来组成样本的方法。主要有两种抽样方法:

① 循环等距抽样方法

K 取最接近 N/n 的整数,然后在 $1\sim N$ 随机抽取一个随机起点,然后间隔抽满 n 个为止。

② 调整直线等距抽样

先将 K 小数点后移,变成整数,然后在 10 到这个整数间选择随机起点,再将小数点移回,成为非整数的随机起点。抽出 n 个为止。

具体步骤:

① 给总体中的每一个个体随机编上号码并按号码排序,即制作抽样框;

② 计算出抽样间距,公式为: $K=N/n$;

(K—抽样间隔,N—总体规模,n—样本规模);

③ 在最前面的 K 个个体中,随机抽取一个个体,并记号其编号(假定为 A),作为随机起点;

④ 在抽样框中,自 A 开始,每隔 K 个个体抽取一个个体,即所抽取个体的编号分别为 $A, A+K, A+2K, \cdots, A+(n-1)K$;

⑤ 将这 n 个个体合起来,就构成了该总体的一个样本。

(3) 分层抽样

分层抽样是先将总体中的所有个体按某种特征或标志划分为若干类型,然后再在各类型中采用简单随机抽样或系统抽样的方法抽取一个子样本,最后将这些子样本合起来构成总样本的方法。

具体步骤:

① 确定分类标准,如性别、年龄、地区等。

② 按确定的标准将总体单位分为若干类型。

③ 计算各类型单位数量占总体单位数量的比重。

设总体单位数为 N,各类型单位数为 Ni,各类型单位数占总体单位数的比重为 Ri。

公式: $$Ri = Ni/N$$

④ 根据 Ri 计算出各类型中应抽取样本单位的数量。

设各类型的样本单位数为 ni,所需抽取的样本总数为 n。

公式: $$ni = n \times Ri$$

⑤ 按简单随机抽样或系统抽样方法从各类型中按比例抽取样本。

（4）整群抽样

整群抽样是从总体中随机抽取一些小群体，然后由所抽出的若干个小群体内的所有元素构成调查的一个样本。整群抽样与前几种抽样方法的最大区别在于，它的抽样单位不是单个的个体，而是成群的个体。

具体步骤：

① 将总体各单位按一定标准划分为若干群体；

② 以群为单位，从整体中抽取部分群（数量确定）；

③ 将这些群中的所有个体合起来，形成总体的一个样本。

（5）多段抽样

按抽样单位的隶属关系或层次关系，把抽样分为几个阶段来进行，各阶段可以分别采纳上文所列的不同方法，可参见后文抽样调查方案示例中相关内容。

（6）偶遇抽样

是指研究者根据现实情况，以自己方便的形式抽取偶然遇到的人作为调查对象，或者仅仅选择那些离得最近的、最容易找到的人作为调查对象。例：街头拦截调查；在人群集中的地方进行调查，比如图书馆、食堂等；报刊的读者调查。

（7）判断抽样

也叫立意抽样，是调查者根据研究目标和自己的主观分析来选择和确定调查对象的方法（对调查者的要求比较高）。

适用：多用于无法确定总体边界，或总体规模小、调查所涉及的范围较窄，或调查时间、人力等条件有限而难以进行大规模抽样的情况。

优点：可以充分发挥研究人员的主观能动作用，特别是当研究者对研究的总体情况比较熟悉，研究者的分析判断能力较强、研究方法与技术十分熟练、研究的经验比较丰富时，采用这种方法往往十分方便。

缺点：样本的代表性难以判断，不能推论。

（8）定额抽样

是按调查对象的某种属性或特征将总体中所有个体分成若干类或层，然后在各层中按比例抽样。抽样时不要求遵守随机原则。

（9）滚雪球抽样

是先从几个适合的个体开始，然后通过他们得到更多的个体，这样一步步地扩大样本规模的抽样方法。此法常用于去寻找具有相同性质的个体，就像滚雪球一样。

调查方案示例：蒙汉通婚研究

1. 调查题目：赤峰地区农牧民蒙古族与汉族的通婚研究。

2. 调查目的：通过对影响蒙汉通婚的各种因素的分析，探寻民族通婚的一般模式，建立一种理论模型来说明中国的民族通婚问题，或者以此研究来推动认识目前的民族关系，这对制定民族政策有一定的现实意义，对于民族学、人口学、和社会学的理论建设也有一定的参考价值。

3. 理论构架：本研究的基本设想是，影响蒙汉通婚的主要因素有六类：(1) 经济活动；(2) 居住特点；(3) 人口迁移；(4) 语言文化；(5) 历史因素；(6) 政策因素。其中后两种因素起独立的影响作用。通过对前四类因素的界定，分解和操作定义，筛选出10个影响民族通婚的变量：① 某一个民族在一个村的总户数的比重；② 居民的平均文化水平；③ 户主的年龄；④ 户主的文化水平；⑤ 职业；⑥ 户口类型；⑦ 是否移民；⑧ 掌握另一民族语言的能力；⑨ 邻居中另一民族成员的多少；⑩ 与另一民族成员的交友情况。将这些自变量与因变量（民族通婚程度）联系起来，建立了一组研究假设和一个复杂的因果模型。

4. 研究类型：解释性研究，横剖研究，抽样调查 调查方式：统计调查为主，结合实地研究。

5. 调查方法：问卷法为主，结合访问法，观察法。

6. 资料分析方法：统计分析，（包括相关分析，回归分析和路径分析），结合理论分析。

7. 调查范围：内蒙古赤峰地区。

8. 分析单位：家庭（户）。

9. 抽样方案：研究总体是赤峰地区的居民，根据地区特点选择4个有典型意义的旗（县），在这4个旗（县）中选择5个有代表性的乡，再在这5个乡中各选择2—3个村，共选出12个村，这12个村共3 200户，从中随机抽选（每4户中选3户）2 439户，在每户调查户主1人，共2 439人。

10. 调查内容：户主的主要特征：自变量③—⑩，各特征组的民族通婚程度，户主所在村、乡、旗的历史状况与现状以及民族政策的历史变化。

调查问卷，调查指标和项目是：户主的年龄，文化水平，职业变动，婚姻史，配偶情况，生育史，语言能力，社会交往，邻居情况，个人收入，个人对居住地的满意程度等等，他们是对自变量③—⑩的测量，对每一指标或项目设计一个或几个问题来了解，以上是主要问卷，此外还设计两个辅助问卷，一个是了解家庭情况，另一个是了解迁移情况，在了解村，乡，旗的历史与现状时，是根据事先设计的调查提纲。

11. 调查时间：6月—8月

12. 调查时点：6月1日。在6月1日以后迁入的户主不在调查范围内，6月以后结婚的不做统计。

13. 调查场所：直接进入家庭访问，填写问卷。

14. 调查时间计划：

(1) 准备阶段：2月—5月，查阅文献，到赤峰地区的政府有关部门了解情况，到调查地区实地初步考察，对问卷初稿进行试调查，以修订问卷。

(2) 调查阶段：6月—8月每天访问40~50户，60天完成。除在12个村进行问卷调查外，还需要考察者5个乡其他41个村的概况。

(3) 研究阶段：9月—11月，资料整理，数据处理，输入计算机，汇总分析，打印统计表格，计算相关系数等。

(4) 总结与应用阶段：12月至第二年3月结合资料的统计分析和理论分析撰写调查研究报告。

15. 调查经费和物质手段(略)。

16. 调查员的培训，组织：课题组共5人，其中3人是调查员，由2名研究人员带队，示范并负责检查，核对工作。

北京大学社会学研究所
边区开发课题组

示例：越轨行为研究

城市居民社会保障状况调查方案

广东省自然村落历史人文普查工作方案

知识点2：调查问卷

问卷是社会调查中用来收集资料的一种工具，是一套有目的、有系统及有顺序的问题表格设计。其用途是用来测量人们的行为、态度和社会特征，它所收集的是有关社会现象和人们社会行为的各种资料。问卷的基本结构包括：标题、卷首语(封面信)、指导语、问题和答案、编码、其他资料(含结束语)等。

1. 标题

用一句话简明扼要地概括问卷调查的基本内容，这句话就是问卷的标题。

一个明确的调查问卷名称能够使被调查的对象在一开始就能了解填答问卷的重要性。标题常常以"关于……的调查"为基本形式。如关于××市下岗职工生活状况的调查；关于××市城市居民邻里关系状况调查、关于××市居民道德水平状况的调查等。

2. 卷首语

卷首语也叫封面信，是一封致被调查者的短信，向被调查者介绍和说明调查的目的、调查者身份、调查的大概内容、调查对象的选取方法和对调查资料的保密措施等。封面信的语言要简明中肯，篇幅宜小不宜大，两三百字最好。封面信的内容要阐述以下几个方面的内容：

(1)"我是谁"，即说明调查者的身份。
(2)"为什么调查"，即说明调查的主要目的、意义。
(3)"调查什么"，即说明调查的大致内容。
(4)"为什么选你调查"，说明调查对象的选取方法。
(5)"调查对你的影响"说明对调查资料的保密措施。
(6)填表说明：告诉被调查者如何填写问卷，不能与指导语同时存在。
(7)信尾致谢及落款。

封面信示例

尊敬的农民工朋友：

您好！

我们是广州××大学社会学系的学生，为了了解农民工的实际生活状况和权益状况，给相关部门提供真实的资料，并就如何进一步保护农民工的权益提出切实的意见和建议，我们组织了这次对广州市农民工权益状况的调查。您是我们根据科学的随机抽样原则，从广州市农民工群体中抽选出来的代表。所以您的意见对我们非常重要，希望能得到您的支持和协助！

本次调查纯粹是学术性研究工作的一部分，不作其他用途，对外绝对保密，答案没有对错好坏之分，不用填写姓名，所有回答只用于统计分析。您只需根据自己的实际情况，在每个问题给出的几个答案中选择一个合适的答案打钩，或者在＿＿＿中填写。衷心感谢您的支持与合作！

送给您一件小小的礼物，作为这次调查的纪念。

××大学社会学系社会工作专业
2016年3月

3. 指导语

指导语用来指导被调查者填写问卷的一组说明,也即问卷使用说明书。有些问卷的填答方法比较简单,指导语很少,常常只在封面信中用一两句话说明即可。比如,"请根据自己的实际情况在合适的答案号码上画圈或在空白处直接填写。"

指导语集中在封面信之后,并以"填写说明"作为标题,其作用是对填表的方法、要求、注意事项等做一个总体说明。

指导语示例——填表说明

(1) 请在每一个问题后您认为合适的答案号码上打上"√"或者在_____处填上适当的内容。

(2) 问卷每页右边的数码及短横线是供计算机编码用的,请您不要填写。

(3) 若无特殊说明,每个问题只能选择一个答案。

(4) 填写问卷时,请您不要与他人商量。

(5) 回答中需选择"其他"一项作为答案的,请在后面的_____上用简短的文字注明实际情况。

4. 问题类型

(1) 从形式分,可分为开放式、封闭式和混合式问题

① 开放式:只提出问题,不提供具体备选答案。开放式问题的优点是可以适用于事先无法确切知道其部分答案或全部答案的问题。由于被调查者自由回答问题,思路开阔,得到的信息量大,常常有意想不到的收获。但是开放式问题缺点也十分明显,如答案参差不齐、拒答率高,不便于量化统计等。在问卷设计中尽量少用,并最好放在问卷最后。

② 封闭式:提出问题的同时,还给出若干个备选答案。封闭式问题填写方便,省时省力,资料易于统计分析。不足是资料受局限。

③ 混合式:混合式问题是封闭式问题和开放式问题的结合,是半开放半封闭的问题类型。

(2) 按题型分,可分为填空题、选择题以及相倚问题

① 填空题,题目中留出空格,使答题者填入相符合的内容。

② 选择题

选择题又分两项式、多项单选式、多项限选式、多项任选式、多项排序式、矩阵式、表格式等不同题型。

③ 相倚问题

在前后两个(或多个)相连的问题中,被调查者是否应当回答后一个(或后几

个)问题,要由他对前一个问题的回答结果来决定。前一个问题称作"过滤性问题",后一个问题则称作"相倚问题"。相倚问题分单项相倚、双项相倚和多项相倚。单项相倚问题中,只有一项答案有后续性问题。双项相倚中,两项答案都有后续性问题。多项相倚是指答案中有两项以上有后续性问题。

相倚问题示例

● 您是否有正式职业?   有(回答B1题)   无(回答B2题)

B1. 您从事现在的职业有多久了?   ① 2年以内 ② 2—5年(含2年) ③ 5年以上(含5年)

B2. 您待业有多久了?   ① 1年以内 ② 1—2年 ③ 2年以上(含2年)

问卷示例:2016年玉律社区
妇女家庭需求调查问卷

问卷示例1:社区居民需求调查问卷[①]

社区居民需求调查问卷

尊敬的居民朋友:

为了更好地推进社区服务工作,为您提供方便、快捷、高效的社区服务,请您根据自己的服务需求填写此表,它将成为加强与改进西湖社区服务工作的重要依据和参考。

谢谢您的支持和合作!

社区居民委员会

填表说明

① 请在每一个问题后适合自己情况的答案号码下打"√",或者在_____处填上适当的内容。

② 若无特殊说明,每一个问题只能选择一个答案。

③ 填写问卷时,请不要与他人商量。

---

① 数据来源:http://wenku.baidu.com/view/c3a06e1d866fb84ae45c8de5.html.

一、基本情况

1. 您的性别？

   A. 男　　　　　　　B. 女

2. 您的年龄？

   A. 18 岁以下　　B. 18—30 岁　C. 31—40 岁　D. 41—50 岁

   E. 51—60 岁　　F. 61 岁或以上

3. 您的文化程度？

   A. 初中及以下　　　　　　B. 高中、中专、技校

   C. 大专　　　　　　　　　D. 本科

   E. 研究生及以上

4. 您的婚姻状况？

   A. 未婚　　　　B. 已婚　　　C. 离婚　　　D. 丧偶

5. 您的户籍？

   A. 本地　　　　B. 外地

6. 您的月收入？

   A. 1100 元以下　　　　　　B. 1101—1500 元

   C. 1501—2500 元　　　　　D. 2501—3500 元

   E. 3501—4500 元　　　　　F. 4501—5500 元

   G. 5501 元或以上

7. 您现在的职业？

   A. 政府机关、事业单位工作人员　B. 企业管理人员

   C. 私营企业主　　　　　　D. 专业技术人员

   E. 个体工商户　　　　　　F. 商业服务人员

   G. 工人　　　　　　　　　H. 无业失业人员

二、社区居民意愿情况

1. 您支持本社区建立社区综合服务中心吗？

   A. 非常支持　　B. 比较支持　C. 一般　　　D. 比较不支持

   E. 完全不支持

   不支持，请注明原因：_____

2. 您愿意参加社区综合服务中心提供的服务活动吗？

   A. 非常愿意　　B. 比较愿意　C. 一般　　　D. 比较不愿意

   E. 完全不愿意

   不愿意，请注明原因：_____

3. 您参与社区服务的态度有哪些？
A. 发挥一技之长为居民服务提供
B. 参加社区组织的公益活动
C. 不愿意做
D. 其他

4. 您家拥有电脑吗？上网吗？是否愿意接受多样化的交互信息服务项目？
A. 有　　　　B. 没有　　　C. 准备购买　D. 上网
E. 不上网　　　F. 愿意　　　H. 不愿意

5. 您是否愿意通过社区数字化信息服务平台与社区沟通联系？
A. 愿意　　　　B. 不愿意　　　C. 条件具备可尝试

三、社区服务设施需求

针对下列社区服务设施，您的需求度？（请打钩"√"）

服务设施	需求程度				
	非常需要	比较需要	一般	不太需要	完全不需要
"一站式"服务窗口					
市民学校					
心理辅导室					
社区志愿者活动室					
棋牌室					
爱心超市					
家政服务室					
健身室（体育活动室）					
社区图书室					
绿色网吧					
计生服务					
青少年活动中心					
社区远教室					
居民议事室					
其他（请说明）					

四、社区服务项目需求

针对下列社区服务内容,您的需求度?(请打钩"√")

服务人群 \ 服务内容	需求程度				
	非常需要	比较需要	一般	不太需要	完全不需要
老年人 — 居家养老服务					
老年人 — 长者文娱康乐活动					
老年人 — 紧急援助服务					
老年人 — 老年学堂					
老年人 — 老年人义工团队服务					
老年人 — 社区互助支援服务					
老年人 — 其他(请说明)					
残疾人 — 康复服务					
残疾人 — 就业帮扶服务					
残疾人 — 家庭支持与咨询服务					
残疾人 — 社会互助支持网络					
残疾人 — 家居及社区生活技能训练					
残疾人 — 其他(请说明)					
女性 — 就业帮扶服务					
女性 — 婚姻与家庭问题咨询服务					
女性 — 妇女权益保障服务					
女性 — 兴趣工作坊					
女性 — 女性成长服务					
女性 — 子女教育					
女性 — 其他(请说明)					

续表

服务人群 \ 服务内容		需求程度				
		非常需要	比较需要	一般	不太需要	完全不需要
青少年	学业辅导服务					
	日间托管服务					
	权益保障服务					
	心理辅导服务					
	兴趣班					
	义工团队建设服务					
	素质拓展					
	青少年帮教服务					
	其他(请说明)					
贫困家庭	就业帮扶服务					
	社会政策咨询服务					
	心理辅导服务					
	家庭支持服务					
	社会互助网络					
	医疗援助					
	其他(请说明)					
刑满释放及安置帮教人员	心理辅导及教育感化服务					
	政策咨询与法律援助服务					
	就业帮扶服务					
	家庭支持服务					
	困难救助					
	其他(请说明)					

如果您对建设社区服务有什么意见或建议,欢迎写在下面,不够可写在背面,谢谢!

知识点3：访谈提纲

1. 访谈法的特点

访谈法又叫访问法，即调查者与被调查者的交谈而获取信息的一种调查方法。其最大的特点是调查者与被调查者在同一时间里进行交谈，既包括面对面的直接交谈也包括借助于电话等通信手段而进行的远距离交谈，以及通过翻译交谈等。访谈法的主要优点：① 信息量大；② 灵活性高；③ 适用范围广；④ 控制性强；⑤ 访谈法可以与其他方法相结合。缺点：① 开放式的访谈标准不一，其结果难以进行定量研究；② 成本较高；③ 访谈通常时间长；④ 隐蔽性差（被调查者不愿意个人信息被别人知道）；⑤ 受访谈对象周围环境的影响大。

2. 访谈法的类型

根据不同的标准，可以把访问法划分为不同的类型。将访问法划分为结构性访问、非结构性访问和半结构性访问。

（1）结构性访问。结构性访问又叫标准化访问，是指按照统一设计的、有一定结构的调查表或问卷进行的访问。调查人员依据设计好的调查表或问卷，逐项向被访问者询问，并将被访问者的回答填入调查表中或问卷上。在访问中，要求调查人员选择访问对象的标准和方法、提出的问题、提问的方式和顺序，以及对被访问者回答的记录方式等都保持相同，甚至连访问的时间、地点、周围环境等外部条件也力求保持一致。由于调查表由调查人员逐步提问、当场填写，回答率和回收率都比较高，比较容易统计汇总，便于对不同对象的回答进行对比分析，所以有时也可以将其视为访问式问卷调查。但是，这种访问方法受到调查表的限制，调查人员难以临时发挥，被访问者的回答也缺乏弹性，难以灵活地反映复杂多变的社会现象，难以对问题做深入的探讨。这种调查形式适宜在调查者对被调查者一般特点已有一定了解的情况下使用。

（2）非结构性访问。非结构性访问又叫非标准化访问、自由式访问。与结构性访问正好相反，它事先不制定统一的调查表或调查问卷，而是按照一个粗线条的提纲或一个题目，由调查者与被访者在这个范围内进行交谈。这种访问法能够比较灵活地变换提问的顺序和方式，对于访问对象不理解或理解不正确的地方可以加以说明、解释；能够深入交谈而不受预先规定的约束，使被访问者能够自由地回答问题；调查人员对于回答中出现的重要线索可以适当地离开提纲加以追问。这种访问法非常有弹性，有利于访问者与被访问者之间形成一种轻松和谐的谈话气氛，有利于充分发挥访问者与被访问者的主动性和创造性，有利于问题的深入了解和研究。但是,这种访问法对调查者的要求比较高,它要求调查人员能够控制环境,把握谈话方向和进度,施展较高的谈话技巧。这种访问方法提问的内容和方式比较灵活,调查的范围比较广泛,因此访谈结果难以进行定量分析。

(3) 半结构性访问。半结构性访问是一种介于结构性访问和非结构性访问之间的访问形式。半结构性访问中有调查表或问卷,它具有结构性访问的严谨和标准化的题目,调查者虽然对访问结构有一定的控制,但是给被访问者留有较大的表达自己观点和意见的空间。调查者事先拟订的访问提纲可以根据访问的进程随时进行调整。半结构性访问兼有结构性访问和非结构性访问的优点,它既可以避免结构性访问缺乏灵活性、难以对问题做深入探讨的局限,也可以避免非结构性访问费时、费力,难以做定量分析的缺陷。

在实际调查中,调查初期往往采用非结构性访问进行探索性的研究,以了解被访问者关注的问题和态度。随着调查的深入,渐渐采用半结构性访问,对以前访问中的重要问题和疑问做进一步的提问和追问,以及了解更为复杂精细的细节问题。而结构性访问最适合于有明确的假设检验及需要对调查结果做出精确的量化研究的调查。

结构式访谈示例:全国农村地区"留守儿童"现状调查访谈提纲

全国农村地区"留守儿童"现状调查访谈提纲(小学任课老师/小学校长部分)

小学名称:　　　　　　　　小学老师姓名:
所教班级:　　　　　　　　小学校长姓名:
1. 留守儿童的规模
(1) 在校小学生总数。
(2) 其中留守儿童人数。
(3) 留守儿童年级分布。
(4) 留守儿童班级分布。
(5) 留守儿童性别分布。
(6) 留守儿童居住地来源(村、组)分布。
2. 留守儿童的课外行为
(1) 各科成绩(文化类/思想品德类/美术音乐类/体育类)班级排序:前五名/中游/落后/无规律。
(2) 课堂表现有无显著差异(提问、发言、纪律、练习、考试等)。
(3) 5个案例描述:姓名、性别、年级、父母务工地点、具体课堂表现、家庭作业情况、学习积极性、不良学习行为(考试作弊、上课干扰课堂秩序、旷课、逃课等)(注意:尽量让访谈对象自由叙述)。

3. 留守儿童的课外行为

(1) 课外活动:参与与否、参与的积极性、参与的频率、团队精神、反应程度等。

(2) 课外不良行为:打架、损坏公物、偷窃、随意涂写、恶作剧、讲粗话、污染环境等。

(3) 5个案例描述:姓名、性别、年级、行为原因、行为后果、教育措施、教育效果等(注意:尽量让访谈对象自由叙述)。

4. 留守儿童的思想和情感

(1) 价值取向:享乐主义/自我中心的观念有无显著差异,能否归因于父母不在身边,能否归因于父母的打工行为。

(2) 社会公德意识:个人主义迹象、对社会秩序的反抗迹象。

(3) 对他人冷漠、孤独内向、郁郁寡欢、暴躁愤怒等情感迹象。

(4) 2个案例描述:姓名、性别、年级、原因分析、对策、改进效果等。

5. 留守儿童的管理和帮助

(1) 校长的管理难点(注意:尽量让访谈对象自由叙述)。

(2) 任课老师的管理难点(注意:尽量让访谈对象自由叙述)。

(3) 学校:参与人员,有无与留守儿童父母沟通的途径和方法,隔代养育的问题有哪些,父母对于参与学校教育工作的态度等(注意:尽量让访谈对象自由叙述)。

(4) 家访:频率、内容、效果评估、留守儿童是否作为重点,留守儿童对于学校教育的理解程度等(注意:尽量让访谈对象自由叙述)。

6. 补充:在询问完上述问题之后,需要补充询问下述问题

父母外出务工期间,留守儿童是否发生过一些恶性事件,如被诱拐、强暴、毒打,或者在被人教唆下从事偷窃等违法行为。如有,校方是否求助过当地政府或法律部门,结果如何?校方又是如何处理的?(注意:询问此问题的时候要注意间接暗示,并运用适当措辞巧妙避开当事人的难言之隐。对于当事人的叙述要尽量详细记录。)

结构式访谈示例:全国农村地区"留守儿童"现状调查访谈提纲

非结构式访谈示例：针对农村居民生活情况的调查

针对农村居民生活情况的调查

一、被调查者及其家庭的基本情况

1. 被调查者的基本情况

调查者所在地、姓名、性别、年龄、民族、教育程度、宗教信仰、职业(包括兼职)、亲属关系示意简图等。

2. 家庭的基本情况

(1) 家里有几口人？几个孩子(男孩、女孩)？他们都上学了么？几个老人，如何赡养？几个劳动力(男性、女性)？家庭成员的健康状况如何？

(2) 家里有多少土地？主要种些什么？收成如何？家里养了哪些牲畜和家禽？

(3) 所获产品是自用还是出售？如何销售？价格如何？

(4) 家庭经济收入的来源有哪些？每项收入有多少？总收入有多少？家庭经济支出主要在哪些方面？每项支出有多少？总支出有多少？每年是否有节余或是亏空？如何安排节余或是处理亏空？

(5) 除了农业，家庭成员还从事什么职业？(如外出务工、家庭养殖业等)收入如何？什么时候开始从事的？

(6) 你们家男人和女人所干的活有什么不同？

二、涉及的一般问题

1. 家庭的困难

2. 目前你们家的债务有多少？为什么借债？是向谁借的债？利息如何？您还了多少？能还清吗？如果不能还清，为什么？村子里的人借债普遍吗？为什么借债？能还清的人大概有多少？这些人为什么能够还清债务或没有借债？

3. 村落中的弱势群体

4. 您认识所有村干部吗？村民选举您参加了吗？如果没有，为什么没有参加？如果参加了，你们又是如何选举村委干部的？

5. 今年村里召开了几次村民会议？主要讨论了什么？您参加了吗？如果没有为什么？

6. 这届村干部为村民做了哪些实事？还有哪些该解决的问题没有解决？

7. 村里是否有老人协会？如果有，他们的作用是什么？

8. 村里的主要姓氏是什么？几个大姓之间的关系如何？是否有宗族和族谱？小姓是哪些？他们在村里的地位如何？

9. 婚丧嫁娶的仪式由谁来主持？村中的大事,如修路、建学校等,谁说话最有分量？

10. 家中的大事(如建房、借钱)由谁做主？家里由谁来掌管财务？

11. 您最远去过哪里？

12. 今年您赶了几次街(集市)？到哪里赶街？路程多远？去做了些什么？

13. 您会说哪些语言？日常用语用哪种语言？您孩子上学前能说哪些语言？上学后的情况如何？

14. 您有何宗教信仰？有何仪式？有何教义？

三、制图

分男女性别绘制四季活动图(标出节日)和每日生活图

知识点 4：调查报告

调查报告是系统地反映调查研究的目的、经过和结果的一种书面总结,即运用一定的理论观点和方法,对某一事物、事件、问题、经验、社会的或自然的基本情况,在有目的地调查研究基础之上,以客观的材料和情况为根据,撰写出来的具有明确的结论、看法和意见的书面总结。

1. 调查报告类型

根据调查报告的内容,可以将调查报告分为学术性调查报告和应用性调查报告两大类。

(1) 学术性调查报告

学术性调查报告是以学术或学科研究为出发点,主要以专业研究人员为读者对象,侧重于对社会现象的理论探讨。这类调查报告的特点是学术性、理论性和科学研究性很强,往往需要运用各个学科的有关理论和概念去分析、理解,从理论的高度揭示所调查了解的事物或社会现象中的矛盾、规律,一般不就实际工作提出太多的具体建议。在调查研究过程中,此类报告特别注重资料的真实、系统和完整；在形式上也有比较固定、比较严格的格式,结构也更加严谨；论述的语言也更加客观、更加严密。学术性调查研究报告主要为理论研究服务,所以一般多见于专业性强的学术报刊或专著。我国社会学、民族学、经济学等现实性较强的学科都有很多这类调查报告。

(2) 应用性调查报告

应用性调查报告是为了满足实际工作需要,如制定政策、预测、决策、处理问题等,从而进行社会调查研究后写成的调查报告。我国党政机关、企业中的调研咨询部门、社会科学工作者和实际工作者撰写的许多报告都属于这种类型。应用中的调研因其具有广泛的用途和促进实际工作的意义而受到普遍重视。应用性调查报告对调查过程的介绍十分简短。这种报告的研究结果部分常常采用比较直观的统计图、统计表等形式表示出来,并且根据研究结果所提出的政策建议部分在这种报告中十分突出。

2. 调查报告撰写步骤

调查报告的撰写步骤包括确定主题、分析材料、确定观点、拟订写作提纲、撰写和修改调查报告五个步骤。

(1) 确定主题

主题是整个调查报告的灵魂,是作者基本思想和观点的体现,它的地位十分重要。调查主题必须以书面语言的形式清楚明确地表达出来。主题一经确定,它就必须贯穿全文,起统率全篇的作用。只有主题明确,才能围绕主题组织材料,安排结构。因此,主题是写好调查报告的关键。提炼和确定主题,要考虑以下几方面的因素:调查报告主题与调查主题基本一致,即调查报告反映的中心问题就是整个调查的中心问题;主题提炼做到正确,鲜明,不能停留在事物表面现象的罗列和基本事实的叙述,应该揭示事物的本质,反映事物的内部规律。

(2) 分析材料,确定观点

经过调查,人们常常获得很多材料。但不是所有材料都可以用于调查报告,必须通过归类和分析进行取舍。主题和材料之间是一种辩证关系。一方面,当主题确立以后,它就成了取舍和组织材料的依据;另一方面,在主题形成之前,材料又是形成和提炼主题的基础,而且在主题形成以后的任何变化都必须通过材料来实现。所以,材料对主题具有强大的制约作用。为了使调查报告能够更好地反映主题,具有更大的社会价值,认真审题和选择材料至关重要。

在对调查材料进行分析的基础上,要为调查报告确立明确的观点。首先,全篇要确立总观点,总观点是全文的灵魂。其次,各个组成部分也要确立服从总观点的分观点。总观点应当具有典型性、普遍性和针对性,应当反映客观事实的本质和社会现实的主流,应当具有较强的指导性和教育意义。总观点要包容分观点,分观点要说明总观点。总观点和分观点都是从调查的材料中经过分析研究而得出的,但撰写调查报告要根据总观点和分观点去组织材料,使材料为观点服务,将材料和观点有机地统一起来,使之共同反映主题。

(3) 拟订写作提纲

拟订提纲就是事先考虑调查报告的布局,或者叫搭架子。提纲的拟订有详略粗细之分,没有固定不变的格式。从内容上说,拟订提纲主要有条目提纲和观点提纲两种写法。

① 条目提纲

条目提纲是按不同层次列出调查报告的章、节、目，也就是按总标题、大标题、小标题、子标题的形式将调查报告的内容分层排列。这种提纲的优点是层次清晰、结构严密。

② 观点提纲

观点提纲是在列出条目提纲的基础上，把各章、节、目所要叙述的观点或中心内容概括地表达出来。这种提纲实际是条目提纲的深入，其优点是内容明确、表述完整。

(4) 撰写调查报告

调查报告与其他学术论文的显著区别在于调查报告大量地使用调查材料，用材料和事实说话。因此，科学、合理地使用调查材料是增强调查报告说服力的重要一环。科学、合理地使用材料就是要注意材料的取舍、组合和搭配，如综合材料和典型材料、文献资料和现实资料、文字资料和统计资料有机地结合，材料和观点要相一致等。

(5) 修改调查报告

修改是完成调查报告的最后一项工作，只有精心修改，才能使调查报告得以完成并获得成功。修改的过程是反复加工、反复锤炼的过程，主要的工作包括删除任何不必要的重复，加入新的材料、观点、思考，根据新写出的材料修改前面的内容，调整已写出内容的结构，精简已写出的内容，检阅字词、标点等。

3. 调查报告基本结构

一般说来，调查报告包括标题、前言、主体、结尾四个部分。

(1) 标题

从形式上看，标题可分为两种类型：一种是单行标题，另一种是双行标题。单行标题如"关于××市残疾人就业情况的调查"；双行标题如"要求平等相待渴望理解与支持——关于××市残疾人就业问题的调查与思考"。

从内容上看，调查报告的标题拟订通常有以下几种类型：

① 用调查对象和主要问题做标题

这种方法就是点明调查对象，或者概括调查的主要问题作为标题，如"北京市城市居民最低生活保障制度实施情况的调查报告"、"××社区志愿者服务状况调查"等。这类标题的优点是调查的对象和报告的主要内容简单明了，便于读者尽快掌握调查报告的对象和调查目的，并根据自己的需要决定是否阅读。其缺点是题目形式显得较为呆板，不够灵活，缺乏一定的吸引力。

② 以一定的判断或评价做标题

这种方法就是对所调查的事物做出一定的判断或评价,并将这一判断或评价作为标题,如"社会救助要向政府'中心工作'靠拢"、"托起明天的太阳——对贫困地区儿童失学问题的调查"等。这类标题的优点是一方面揭示了主题,另一方面也表明了作者的态度,并且在遣词造句上具有一定的灵活度,容易吸引人;缺点是研究的主要问题不易在标题中体现,有的还需要借助于副标题。一般说来,正标题揭示调查报告的中心思想,副标题说明调查的事由或调查范围。

③ 用提问的形式做标题

提问式标题即调查报告的标题是一个设问句,如"为什么保障范围是'逐步扩大'而不是'一步到位'"、"农村残疾人的出路在哪里"。这类标题往往较多用于揭露某些问题或分析某些社会现象的调查报告中,其特点是语态尖锐、观点鲜明,具有较强的吸引力。

标题的形式多样,写法灵活。无论采取哪种形式的标题,首先要求必须概括、贴切,服从内容需要,与报告的内容相符,不能仅仅为了吸引读者而使用与报告内容不相符的标题;其次要有鲜明、恰当词语的逻辑组合,简明、新颖,富有感染力和吸引力。

(2) 前言

前言是调查报告的开头部分,也称导言、引言或绪论。前言可用来交代调查的时间、地点、目的、对象、范围;也可以用来概述调查的主要内容及取得的主要收获;还可以交代调查工作的背景及通过所获得的结论。

前言常见的有以下四种写法。

① 主旨直述法

主旨直述法即在前言中阐述调查报告的主要目的和意义,如交代为什么选择这个课题进行调查和研究,它有什么现实意义或研究价值,以往研究状况如何,这次调查有何独到之处等。这种写法有利于读者准确地把握调查报告的主要宗旨和基本精神。

② 结论先行法

结论先行法也称结论前置,即在前言中先把结论写出来,然后再在主题部分加以论证。这种写法的优点是开门见山,使读者一眼就能看出调查报告的基本观点。

③ 情况交代法

情况交代法即在前言中介绍有关调查报告的具体情况,或调查时间、地点、对象、过程、方法,或调查对象的概况等。这种写法的优点是有利于读者了解调查的背景、条件和进行调查研究的过程。这种方法多用于大型的调查研究,学术性的调查报告也往往使用这种方法。

④ 提问设悬法

提问设悬法即在前言中提出问题,设置悬念,以吸引读者。这种方法的优点是增强吸引力,吸引读者迫不及待地读下去。它多用于总结经验或揭露问题的调查报告。

(3) 主体

主体是调查报告的正文,是表现调查报告的主要部分,占到整个篇幅的70%—80%。这一部分写得好坏,直接决定调查报告质量的高低和作用的大小。

一般来说,调查报告的结构主要有纵式结构、横式结构、综合式结构三种。

① 纵式结构

纵式结构是按调查事件发生、发展的先后顺序,或按调查过程的先后顺序组织材料,从头至尾,层层递进,依次叙述。这种结构的优点是事实完整、条理清楚、脉络清晰、结构畅通,便于读者从动态角度把握事件的来龙去脉和前因后果。

② 横式结构

横式结构是把材料分成几个部分来写,每个部分观点鲜明,中心突出。如毛泽东的《湖南农民运动考察报告》,全篇用了八个小标题,分别阐述八个问题;所有八个不同的方面集中起来说明一个总的观点——农民运动好得很。这是一种典型的横式结构。这种结构的优点是问题展得开,对事物分析全面;论述较集中,说理透彻;观点突出,说服力强;条理清楚,便于阅读和理解。

③ 综合式结构

综合式结构兼有横式、纵式的特点,是上述两种结构形式的综合,结合两者之长安排材料。在具体写作过程中,根据材料和主题的需要,两者可灵活运用,有的以纵为主,纵中有横;有的以横为主,横中有纵。这种结构的优点是既有利于按照事物发展历史的脉络写清事件的来龙去脉,又有利于按照事物的性质、分类等展开全面的论述。因此,许多大型的调查报告的主体部分多采用这种结构方式。

(4) 结尾

结尾部分是调查报告的结束语。不同内容的调查报告,结尾的写法也不同。根据主题的需要,有的调查报告没有结尾,主体部分结束了,文章也就结束了;有的有极简短的结束语;有的则有较长的结尾。一般说来,结尾主要有以下几种写法。

① 概括式

概括式结尾存在概括全文、深化主题，或综合说明调查报告的主要观点，深化文章的主题；或在对资料进行深入细致的科学分析的基础上，得出报告结论；或针对某些问题表明意见、提出看法。

② 总结式

总结式结尾是指总结经验，形成结论。对于推广某些成熟的典型经验的调查报告，往往在结尾部分集中概括某些经验，形成调查的基本结论，便于推广。

③ 问题式

问题式结尾是指出问题，提出建议，及针对所调查的材料内容、观点等，通过分析形成事物的看法，在此基础上，提出建议或可行性方案，以供有关部门参考。

④ 补充式

调查中有些情况和问题与调查报告的中心内容和主旨关系不大，在正文部分没有提及，但又需要讲清楚，此时可以在结尾处附带加以补充说明。

4. 附属部分

几乎所有的调查报告都有附属部分，它通常包括首页、目录、摘要、关键词、参考文献，有的调查报告还包括致谢，以及一种或多种附录等。

① 首页

首页应写上调查报告的标题，还应加上撰写者的姓名和写作日期，这样别人就知道是谁在什么时候写的。另外，一般还要加上撰写者的职务及其他所要求的信息，如工作单位等。

② 目录

目录应该列出调查报告的章节，以及它们开始的页码或段落号。

③ 摘要

摘要的功能是简单地总结调查研究项目的性质与背景，以及调查研究是如何进行的及其主要发现。其目的是使读者能够很快地对此项调查的主要内容、方法、结果和结论有一个总的了解，从而决定是否继续阅读细节内容。篇幅有限，一般来说，它不应该超出一页的篇幅，应该限制在 200—300 个字或更少（也就是不多于一页）。

④ 关键词

关键词是从论文的题目、摘要和正文中选取出来的，对表述论文的中心内容具有实质意义的词汇。关键词不宜多，一般 3—5 个为宜。

⑤ 参考文献

参考文献是指调查报告在研究和写作中可参考或引证的主要文献资料，一般列于论文的末尾。参考文献应另起一页。各类参考文献条目的编排格式及示例如下。

a. 专著、论文集、学位论文、报告。书写格式为:序号. 主要责任者. 文献题名(版本)【文献类型标识】. 出版地:出版者,出版年.

示例:

【1】刘国钧,陈绍业,王凤翥. 刑法专论(第2版)【M】. 北京:高等教育出版社,2004.

b. 期刊文章。书写格式为:序号. 主要责任者. 文献题名【J】. 刊名,年,卷(期):起止页码.

示例:

【1】何龄修,读顾城. 南明史【J】. 中国史研究,1998,(3):25—27.

c. 论文集中的析出文献。书写格式为:序号. 析出文献主要责任者. 析出文献题名【A】. 原文献主要责任者(任选). 原文献题名【C】. 出版地,出版年。析出文献起止页码.

示例:

【1】钟文发. 非线性规划在可燃毒物配置中的应用【A】. 赵玮. 运筹学的理论与应用——中国运筹学会第五届大会论文集【C】. 西安:西安电子科技大学出版社,1996.

d. 报纸文章。书写格式为:序号. 主要责任者. 文献题名【N】. 报纸名,出版日期(版次).

示例:

【1】谢希德. 创造学习的新思路【N】. 人民日报,2005-12-25(10).

e. 电子文献。书写格式为:序号. 主要责任者. 电子文献题名【电子文献及载体类型标识】. 电子文献的出处或可获得地址,发表或更新日期/引用日期(任选).

示例:

【1】高峻,王英,仇保兴. 树立科学的发展观实现城市可持续发展【EB/OL】. http://www.cajcd.edu.cn/pub/wml.txt/980810-2.html,2000-11-25/2001-04-15.

参考文献的代码含意如表9.2-1所示。

表9.2-1 参考文献的代码含义

参考文献类型	专著	论文集	报纸文章	期刊文章	学位论文	报告
文献类型标识	M	C	N	J	D	R

⑥ 致谢

致谢的目的是感谢那些对调查研究特别有帮助的人和机构。在调查报告的开始(或最后),以单独的一页纸列出要感谢的人或机构的名单,可以提到的人包括资助人(可能有这样的要求)、导师、同事、家人和朋友、秘书或打字员,以及研究伙伴;还可以包括那些为调查提供方便的人,对他们给予的帮助表示感谢。最好还要给所提到的这些人送上报告副本。

⑦ 附录

很多调查报告常常在其结尾用附录的形式把与调查有关的所有资料都包括进去,这些材料包括一些信件和问卷、访谈的记录稿、案例研究的总结、机构文件的复印件等。附录部分应尽量简短、精炼,应尽量缩减附录的使用或完全不用附录,因为读者在大多数情况下可能完全不会去看你精心准备的附录。

所以,如果必须把一些材料放在附录中,那就不妨考虑把它们放在正文里。或者可以把这些附录放在有关的章节之后,而不是放在整本书的结尾。①

学术性调查报告示例:清华大学本科教育学情调查报告 2010

调查报告示例:广州市社区老年教育的现状调研分析

广州市社区老年教育的现状调研分析②

柳彩霞 李坪 广州城市职业学院

摘 要:随着终身教育的普及,老年教育备受关注。社区教育是发展老年教育的重要载体。本文在对广州地区老年人社区教育的现状调研基础上,探索发展老年教育的影响性因素、举措和途径,寻求老年教育供需平衡的着眼点,促进广州老年社区教育的发展。

关键词:社区教育;老年教育;教育需求

"老"是人生常态,也是社会常态。老年教育是针对老年人所进行的有系统、有计划、有意义的教学活动。老龄化国家都相当重视老年人的学习教育权,推行"第三年龄大学"(University of the Third Age,简称 3UA)。《中华人民共和国老年

---

① 转自:赵勤,胡芳,刘燕.社会调查方法[M].电子工业出版社,2012.
② 刊登于《广州城市职业学院学报》2017 年 2 期。

人权益保障法》(2012)第七十条规定"国家发展老年教育,把老年教育纳入终身教育体系,鼓励社会办好各类老年学校"。《国家中长期教育改革和发展规划纲要(2010—2020)》也正式将"重视老年教育"、"广泛开展城乡社区教育"作为加快发展继续教育的重要组成部分写入其中。国务院办公厅关于《老年教育发展规划(2016—2020年)》进一步指出,老年教育是我国教育事业和老龄事业的重要组成部分。发展老年教育,是积极应对人口老龄化、实现教育现代化、建设学习型社会的重要举措。因此,构建灵活开放的终身教育体系,开发社区教育资源,将老年教育落实到基层社区,惠及更多的老年人群体也就成为发展老年教育的应有之义。

根据广州民政局2017年1月23日发布的《2015年广州市老年人口和老龄事业数据手册》白皮书数据统计,截至2015年底,广州全市户籍60岁以上和65岁及以上老年人口分别为147.53万、98.33万,占户籍人口比重分别为17.27%、11.56%。低龄老年人比重较大,高龄人口稳步增长。广州呈现出老龄化程度高、老龄人口增长加快的特点。共有8个区老年人口超过10万人,其中越秀区、海珠区老年人口超过20万,老龄化率分别是22.57%和22.25%。荔湾老年人口17.66万,老龄化率是24.40%。相比2014年,人口超过15万的新增白云区,人口数为15.06万,老龄化率16.41%。开展老年教育的组织主要分布情况如下表9.2-5。

表9.2-5 2015年老年文化娱乐状况(单位:个;人)

地区	老年活动室		老年文艺团队		老年体育团队		老年体协	
	个数	日均活动人数	个数	参加人数	个数	参加人数	个数	参加人数
全 市	2 645	70 616	1 407	38 307	434	9 890	45	1 391

全市共有老年协会有2 466个,覆盖95%以上的城镇社区以及80%以上的农村社区。示范性基层老年协会建成20个。就老年大学的创办而言,广州地区老年大学教育始于20世纪80年代中期。自1984年广州第一所老年学校也是中国第一所民办老年大学——广州市岭海老人大学创立以来,目前广州地区共有各类老年大学34所,在校学员近70 000人,各校的专职和兼职老年教育工作者约合400人,兼职教师上千人。

一、调查对象和方法

(一)调查对象

该调查于2016年7月面向广州市中心五区开始实施。以广州市越秀区、海珠区、荔湾区、天河区和白云区为调查对象,社会工作专业教师及学生组成的调查组成员,选取各区长者综合服务中心、家庭综合服务中心、公园等活动场所进行问卷调查,并辅以结构性访谈。具体做法是:根据中心五区老年人口的基本构成比重分别选取越秀区160人、荔湾区155人、天河115人、海珠区130人、白云区100人,共抽取660名长者构成此次调查样本,其中有效问卷649份。

表9.2-6 被调查对象基本构成情况

	天河区		白云区		荔湾区		越秀区		海珠区		合计
	男	女	男	女	男	女	男	女	男	女	
60岁以下	6	18	2	14	0	0	0	6	9	11	66
60—74岁	26	48	24	44	37	53	42	39	37	33	383
75—89岁	6	5	6	8	31	31	17	53	22	16	195
90岁及以上	1	0	0	2	0	0	0	0	2	0	5
合计	39	71	32	68	68	84	59	98	70	60	649

(二)资料收集方法

基于对社区教育和老年教育的操作化理解,为了广泛了收集广州市社区教育的总体状况以及社区老年教育供给、需求的结构性特点,本次调查以问卷调研为主。同时,根据调查对象的特点,围绕老年社区教育的基本分布特点、需求内容和结构、影响社区老年教育的因素等方面展开深入访谈。调查分两阶段进行:第一阶段由笔者针对天河区五山社区、农科院社区实施探索性调查,在此基础上对问卷内容进行调整完善;第二阶段前期培训6名社会专业背景的调查员,分别在天河、越秀、海珠、荔湾和白云中心五区选定长者分布集中和具有社区教育特色的典型社区开展实地调查。此次调查共发放调查问卷660份,剔除无效问卷11份,回收有效调查问卷649份,有效回收率98.3%。

(三)资料整理与分析

问卷资料由调查组筛查整理,访谈资料经过转码,由笔者统一编码和输入,采用SPSS20.0进行统计分析。

二、结果与分析

（一）广州市老年社区教育的现状

1. 社区老年教育场地的分布状况

目前，广州市社区老年教育主要构成：一是老年大学，如广州市老年大学、高校办学、军队办学等；二是社会组织提供居家养老服务，如各区长者综合服务中心、家庭综合服务中心、星光之家等；三是教育部门主导提供的开放大学和社区学院等。就其分布特点而言，明显呈现出行政区域性特点，如表 9.2-7 统计数据。

从统计数据可知，居民最常选择的教育活动场所是公园。一般以体育类活动较多，如练太极拳、跳广场舞、下象棋等；其次，随着家庭综合服务中心的推广和活动的开展，具有一定的知晓度，部分居民选择前往家庭综合服务中心参加由社工组织开展的各种长者服务，如兴趣小组。

表 9.2-7 被调查对象所在社区附近的老年教育场地分布状况

	天河区/(N/%)		白云区/(N/%)		荔湾区/(N/%)		越秀区/(N/%)		海珠区/(N/%)		合计(N/%)	
家庭综合服务中心	29	4.5	88	13.6	35	5.4	24	3.7	32	4.9	208	16.4
街道文化站	30	4.6	52	8.0	34	5.2	57	8.8	37	5.7	210	6.9
老年大学/学校	0	0	14	2.2	24	3.7	21	3.2	29	4.5	88	6.9
老干活动中心	6	0.9	2	0.3	9	1.4	10	1.5	14	2.2	41	3.2
图书馆	2	0.3	10	1.5	46	7.1	43	6.6	18	2.8	119	9.4
公园	70	10.8	90	13.9	139	21.4	131	20.2	124	19.1	554	43.7
博物馆	4	0.6	0	0	18	2.8	22	3.4	3	0.5	47	3.7

因户籍、单位等方面的限制，老干大学和老干活动中心的普及性不高，能享用该部分资源的长者不多，因此所占比重较低，被调查对象对目前社区附近的教育场地的满意度也呈现出显著性差异，具体表现在不同区域之间的满意度分一值上，见表 9.2-8。

表9.2-8 被调查对象所在社区附近的老年教育场地的满意度

	全市	天河区	白云区	荔湾区	越秀区	海珠区
满意度	3.58	3.2	3.85	3.71	3.45	3.68
标准差	0.809	0.917	0.689	0.743	0.796	0.770
组间 df=4　　F=12.042　　p=0.000<0.001							

分析得知,天河区被调查对象普遍主观感觉到满意度偏低,明显低于其余四区,与四区相比较均呈现出非常显著性差异。越秀、海珠、荔湾三区老年人口均超过15万人,政府投入的资源相对丰富,一定程度上满足辖区内长者的继续教育需求。海珠区的主观满意度偏高,这可能与调查对象的抽取有关,部分被调查对象为高校教师,高校设有老年大学,很大程度满足了社区范围内老年人的教育需求。

2. 社区老年教育的参与现状

笔者根据前期大量的文献查阅、探索调研发现,广州市老年人参加教育的活动形式和组织主要包括由义工联、家庭综合服务中心等组织的志愿者活动、自发组织的各种兴趣小组、行业学术类组织及个体自发活动等。通过实地调研访谈和数据统计可知,就参与有组织的活动形式方面而言,49%的老年人并未参加任何形式的有组织有计划的教育学习活动,日常活动中教育性内容淡薄,主要和小区同龄老人聊天以打发时间;超五分之二(42%)的老人参加单位、社区或者自发组织的老年活动组织,如太极拳学习、广场舞、琴棋书画类学习等;值得特别说明的是老年人从事志愿者服务无论是在参与人数上还是参与的服务范围上都占有一定比重,见图9.2-3。

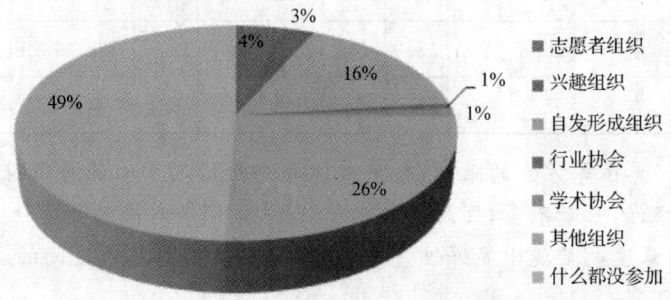

图9.2-3 老年人参加教育活动的团体构成

就具体的活动内容来看,调查显示近半的老年人选择自发学习。约46%的老人主要的学习内容包括居家看电视、听广播、读报纸等;15%的老人参加由家庭综合服务中心举办的各种长者领域的活动及义工服务;此外,由于条件限制,选择某个特定方面内容自学,以弥补教育的不足的长者占一定比重(8%)。在公共教育类资源的使用方面,如图书馆、老干大学、老干中心、居委会等,老人的参与程度较低,均只占被调查群体的少数,约2%左右。在访谈中获知,部分老人会参加社区内商家举办的各种保健类讲座,但同时反映老年人对保健市场尚不完善的地方引发不满。另外,老年人对新科技产品使用的知识技能教育(5%)和外出旅游(6%)的活动参与比重也从侧面反映出处于发达城市中老人观念的变化,见图9.2-4。

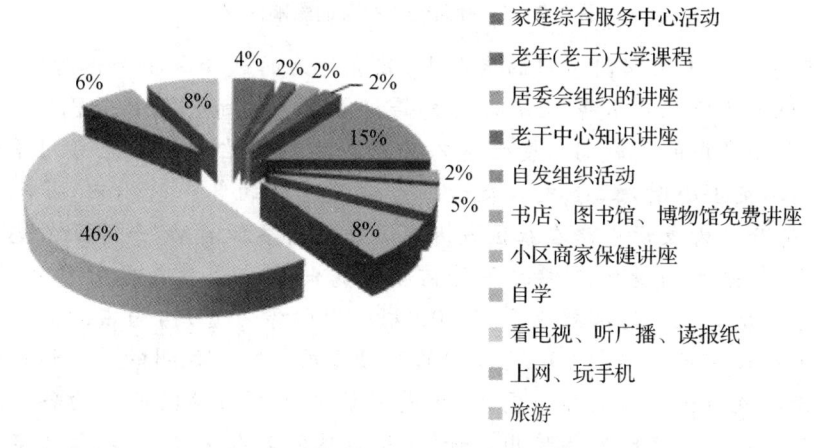

图9.2-4 社区老人主要参加的教育活动

3. 社区老年教育的影响性因素

尽管在访谈过程中,大部分老人都会表达出对老年教育的需求,但在实际的参与中,仍有近三分之一的老人反映从未外出参加过社区或者其他组织举办的教育类活动,见图9.2-5。针对其影响因素做进一步访谈获知,该部分老人未外出的最重要原因是"没时间,帮助儿女带小孩,照顾家人",这与广州作为发达城市所承担的生活、工作压力大,家庭支持系统的重要性密不可分,在针对部分外地老人的调查中体现得尤为显著。其次,高龄老人不外出的重要方面是身体不便和教育场所距离较远所带来的出行限制。此外,部分老人认为"没必要,老了学习这些东西没什么用"的观念也制约着老人的教育选择。

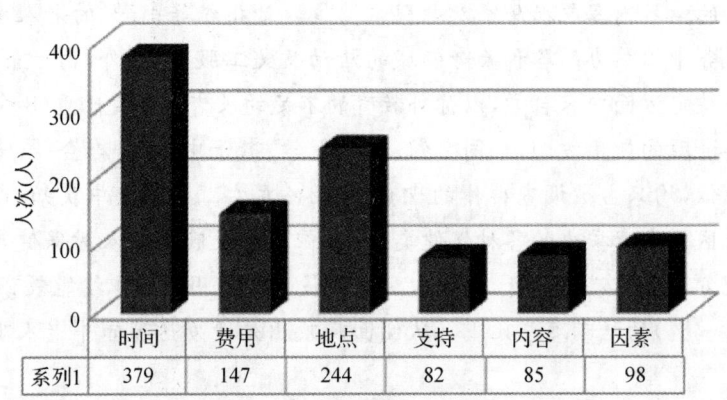

图9.2-5 社区老年教育的影响因素

至于选择走出家门学习的老人中,教育行为的选择深受个体时间、学习费用、地点方便程度和家人是否支持等诸多因素影响。具体见图3。具体来说,首要考虑的是时间。受访老人中四分之一左右表示每天可用于学习的时间不足1小时,三分之二表示每天学习时间约3小时以内;其次是场地,大部分长者表示愿意在社区或者附近的公园参加活动,一方面考虑到外出成本,另一方面身体不便。另外需要考虑的重要因素是学习费用问题。大部分受访者表示能够接受每月100元以内的学习费用,约占六分之一的受访老人表示可以接受200元以内的学习费用。特别说明的是访谈过程中部分老人表现出强烈的学习需求,但是附近的教育活动场所因为各种原因不能正常使用或者限制性使用。如,个别社区的老人活动中心、星光老人之家被外租或者限制携带小孩;部分社区因属于高校社区,高校的老年教育资源仅对本校退休教职工及家属开放;部分外地户籍的老人被严格限制在参加如老年大学等教育活动之外等。

(二)广州市社区老年教育的需求与动机

1. 社区老年教育需求的内容

针对目前老人常见的教育活动进行调查得知,居于前三位的教育活动分别是:生活知识、文娱活动、体育锻炼,可见老年人对文体类的需求较强。具体来说,不同的年龄阶段、不同性别的老人的具体需求呈现出不同特征。参照联合国世界卫生组织提出新的年龄分段,未满60岁为中年人,本报告界定为准老年人,将60岁至74岁划为年轻老年人,75岁至89岁为老年人,90岁以上为长寿老人。

统计数据图 9.2-6 显示,对年轻老年人和老年人来说,居于前三位的教育需求分别为:社会生活、文娱活动以及体育锻炼;对长寿老人来说,居于前三位的教育需求分别为:时事政治、社会生活、文娱活动,但由于样本量太低,不具有代表性。就不同性别的老人的具体需求而言,亦呈现出不同特征。男性长者倾向于社会生活、体育锻炼、时事政治类的教育学习;而女性长者则倾向于学习社会生活、文娱活动和保健知识。

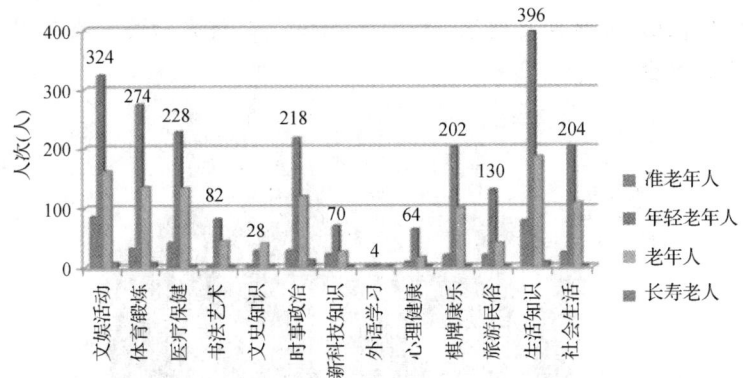

图 9.2-6 不同年龄段老人对社区老年教育内容的需求

2. 社区老年教育需求的形式

根据社区和机构走访,目前实施社区老年教育主要通过参加课程,如老干大学面授课程和网上课程、社区学院;参加活动,如选择家附近的家庭综合服务中心和长者综合服务中心的系列活动、单位集体活动,以及居民自发形成各类兴趣组织,如粤剧社等。根据调查统计数据显示,45%的老人更愿意待在家中,一方面是照顾家人的需要,另一方面是身体或者其他因素受限的选择;24.3%的老人愿意参加由社区内居民自发组织的各种小组学习活动,如粤曲、歌舞队等;16%的老人愿意前往社区内的家庭综合服务中心参加各类知识讲座;约11%的老人会选择各种形式的正规系列课程学习,如老年大学、社区学院。另外,部分老人倾向于参加单位组织的学习活动,这与我国长期以来的"单位人"概念不可分割,见图 9.2-7。

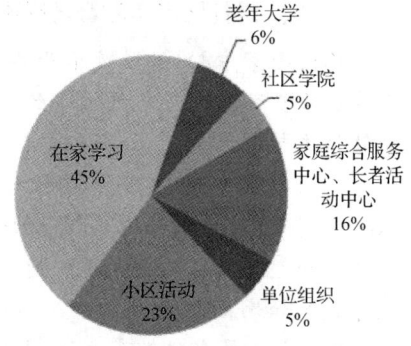

图 9.2-7 社区老年教育需求的形式

3. 社区老年教育的需求动机

纵观老年人参加社区教育的不同目的和出发点,可以概括为个体、社会两大层面。从调查中可知,从个人层面选择参加社区教育的大约占七成,社会层面的约占三成。具体来说,居于前三位且占主导地位的教育动机主要是:锻炼身体、愉悦心情(30%);增长知识、丰富生活(20%);拓展圈子、多交朋友(10%),见图9.2-8。因此,更多的长者选择通过参加社区教育让晚年生活更健康、更丰富,而不是离群索居的自我封闭,选择走出家门,走进社会。

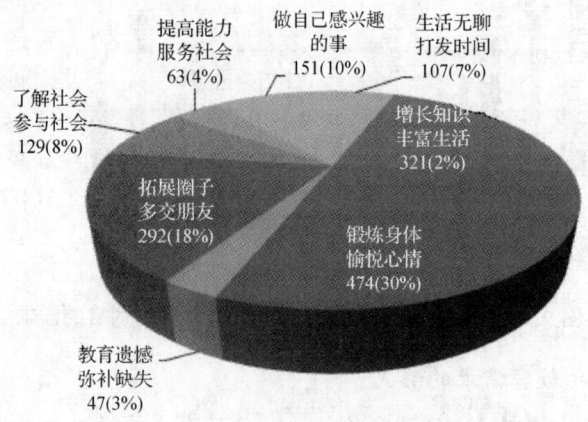

图 9.2-8 社区老年教育动机分布

三、问题和建议

(一) 广州社区老年教育发展不平衡

作为国家中心城市,改革开放的前沿阵地,迎接老龄化社会的挑战,广州在发展老年教育方面应与该城市的地位和发展水平相匹配,理清发展老年教育方面领导体制内部关系,健全组织结构面,统筹区域老年教育的发展工作。根据发达国家的经验,人均 GDP 达到 5 000 美元,文化需求就会出现井喷式的发展。根据广州市 2016 年人均 GDP 计算,折合为 21 868.09 美元。广州市对社区教育的质和量的需求均会呈现快速上升。而作为目前社区教育中不可或缺的老年教育更是如此。

但目前发展老年教育方面,广东省的财政投入和社区教育发展速度尚有相当大的差距。同为发达城市,上海实现了空中大学与网上面的对接,"上海空中老年大学"和"上海网上老年大学"与"远程老年大学","老年人学习网"搭建了全方位立体的学习平台。学习上海的先进经验,广州远程老年大学、广州老年远程学习网均已筹备。通过搭建数字化学习平台,多渠道开发课程资源,如政府购买、自主开发等,低偿或者无偿开放给市民,目前的投入使用的程度和居民的知晓度、使用程度仍需提高。在实际开展社区老年教育过程中,鉴于各区、各街道领导的执政理念的对社区老年教育工作的重视程度不同,街道、居委总体发展也不平衡。个别街道以人手不够、经费不足、场地有限等原因为借口,应付式开展老年社区教育。

从学员分布看,接受调查的大部分是广州市区居民,其中不少是高校退休教师和政府机关、企事业单位里的离退休干部。他们均可以通过申请入读老干部大学或者就近参加由高校自设的老年大学、老干部活动中心等参加老年教育。而在上述教育机构的学员中,社区居民中的老年群众、企业退休职工所占比例很小;访谈过程中,部分来自省外、市外的老人对参加社区教育表达了强烈的需求,甚至愿意支付略高于本市老年居民的费用。不过目前正规的社区老年教育机构对外地来的老人暂时是有限制的,一定程度上忽略了这部分群体的教育需求。

(二) 社区老年教育实施过程中多元主体的协调问题

从上述分析中不难看出,在以居家养老为基础、社区为依托、机构为支撑的社会养老服务体系中,将社区老年教育作为养老服务的一项重要内容,为老年人提供涉及健康、休闲、文化等诸多方面的教育服。因此,社区老年教育必然涉及多部门工作。教育部门将老年教育纳入宏观规划,社区教育主要由民政部门管,需要财政部门的经费保障,文化部门纳入现代文化公共服务体系,老龄部门是负责老龄事业。在顶层设计中,加强统筹协调,建立健全"党政主导、多方参与、社会协同"的老年教育管理体制,有效整合目前社区教育资源,是老年社区教育长效发展的重要保障。

目前,广州市发展社区教育主要采取"区—街道—村(居)"三级教育网络模式,做好社区教育惠及群众工作。从实地调研中获知,社区中老年教育中多主体并存,如街道、居委、家综、社区大学、社区学院等,一方面较好地体现了社区特色,符合社区建设"一街一品牌"的特点,有利于挖掘社区老年教育的特色资源。另一方面,各不同主体在开展社区教育中,依据不同的组织方式进行课程开发,教育资源总量丰富,但是不可避免地会出现重复。因此,解决因不同主体开展教育培训过程中的条块分割问题,加强教育资源的整合,搭建综合性的资源共享平台,避免资源重复浪费甚至是恶性竞争,促进老年教育有序进行,提高社区老年教育的实效性和针对性。另外,推进社区老年教育资源与其他社会资源的有效整合,拓展和延伸社区老年教育,是各地开展社区老年教育的一个重点课题。如浙江省宁波市江东区的导师工作室模式。利用工作室导师培训社团骨干,社团骨干反哺社团，逐步形成传帮带的分层梯度培育模式。

随着"小政府、大社会"的有限政府社会治理概念的提出，以政府为主导的社区老年教育模式也需要建立"由中而上而下"的服务模式。目前社区老年教育实践中，涉老服务的主体基本上都由社会组织承担，如社会工作服务中心承接的各家庭综合服务中心，社区居家养老服务，各社会组织、福利机构承接的长者综合服务中心等。街道、居委会在社区老年教育的工作中甚少设置专职人员，大部分交由该社区的家综合作开展，一方面是基于社工在长者教育方面的专业性，另一方面也是居委工作任务重、人手不足，难以指派专门工作者。发展社区老年教育，坚持政府统筹领导，通过政府购买服务，让渡部分公共服务职能，符合要求社会组织承接服务项目，发挥社会组织优势，利用专业团队，开发符合老年人需求的课程资源，提供专业化老年服务，实现权力的双向合理流动，彼此合作，共同协商。

(三) 关于地方大学延伸至街道社区的设想

面对老年教育发展中的不均等、供不应求的局面，以及不平衡、不协调等问题，我们在提出规范化、现代化的同时，也应当提倡普及并积极探索多元化的办学和教学模式，寻求使大多数老年人都能够享受老年大学教育的方式。广州市老年干部大学特约研究员李炳基提出，作为老年教育载体的老年大学应积极尝试扩大办学范围，以各区级、市级学校为发射端，用设立分教点的形式将部分教学活动辐射到周边的街道、社区等公共活动场所。因此，在现有的老年大学基础上，拓宽教育范围，将老年大学延伸到基层社区中，大力支持发展社区老年教育，顺应政府职能转变趋势，社区服务职能进行转变，整合社区内给中教育资源和其他社会资源，将老年大学开到基层社区中，真正实现老年人在家门口就能上大学。

此外，目前广州高等教育机构，如高等院校、高职院校分布在各区，但是这部分优质的教育资源并未得到充分利用，仅局限于为单位体制内部的退休教职工提供老年培训。引导学校教育资源吸纳更多的社会群体参与，广泛参与社会服务，通过提供有偿或者低偿的培训，满足部分社区居民的教育需求，政府在政策层面和操作层面可以探索实施的路径。

(四) 创新社区老年教育形式，丰富教育内涵

近年来，政府对社区老年教育的重视程度逐年增加，着手解决教育实施过程中的系列困难。为了解决老年大学"一座难求"的困境，广州市政府扩建并启用了广州市老年(干部)大学新校区。广州民政部门通过政府购买服务等方式大力发展社区服务，提升社区老年服务和老年教育品质。

纵观各老年大学、电大系统的课程设置，主要课程集中在书法、钢琴、舞蹈、

绘画、棋类、太极、歌曲、中医养生等,课程趋同性明显。但各区、各社区文化背景特色各异,教育资源各有优势,老年人教育需求也呈现差异性;另一方面单纯依靠传统的老年大学班级授课制的方式,无法满足学员群体的广泛性需求。体制性因素导致很多非户籍老年人无缘参与到社区老年教育中,共享社会发展福利。依托老年空中大学、远程大学等方式能有效缓解实体办学对场地、人数的供给矛盾,但利用新媒体实施老年教育,需要建立在老年人较高的文化素质基础上。既要突破课堂班级教学建制的限制,又要不断地丰富老年教育的内涵建设,开发出满足老年群体各层次需求,符合区域特色,形式多样,具有品牌特色的社区老年教育项目,是发展社区老年教育的重要努力方向。

参考文献:

[1] 中国老年大学协会课题组.《全国老年教育历史发展、现实状况和未来展望》研究报告[M].2013.

[2]《2015年广州市老年人口和老龄事业数据手册》.2017 http://www.gzfinance.gov.cn/gzgov/s7119/201701/a9c35bc4f7be4052a28c49e6f222d417.shtml.

[3]《2012—2015年广州市老年人口和老龄事业核心数据》.

[4]《老年教育发展规划(2016—2020年)》,2016. http://www.sh.xinhuanet.com/2016-10/20/c_135768133.htm.

[5] 张晓琴.广州NGO社区教育开展现状及对策分析——以家庭综合服务中心为例[J].广州城市职业学院学报.2012(4):32-39.

[6] 刘楚佳.广州市居民社区教育需求的差异比较及分析[J].中国成人教育.2008(10):5-8.

项目十　社区活动文书

广义的社区活动是指在社区内有不同主体策划组织的活动。狭义的社区活动是指在社区内由专业的社会工作者策划、发起、组织的、由社区居民参与的,旨在丰富社区居民生活、提高社区居民素质的各类活动。在社区活动中,常见的文书有:社区活动计划书、社区活动总结报告、活动意见反馈表、活动新闻稿等。

知识点1:社区活动计划书

计划方案是针对策略规划选出的一个或几个策略,进行更仔细、具体的方案设计。一份计划书应符合九项方案构成要素(6W+2H+1I)。

Why:代表方案的目的和目标。

What:服务内容。

When:时间、日期、期限。

Where:地点。

Who:工作人员(包括志愿者)。

Whom:接受服务的对象。

How:工作技术、方法、知识。

How much:资金和预算。

If...then:应变方案,即如果发生临时状况,应该怎么办。

社区活动计划书是依据前期社会调查报告所呈现的结果,针对可行的多个方案策略从中选出一个或几个策略,再进行进一步的细节设计,一般以活动计划书形式呈现。具体内容包括:活动名称、活动编号、活动类型、活动背景、活动目的、活动时间、活动地点、活动参与对象、活动人手配备、招募及宣传方法、活动主要内容及形式、活动前期准备工作、活动预计困难及解决方法、活动所需要物质及预计费用、活动具体程序及分工安排、活动评估内容方法及督导建议等内容。

资料来源:《活动程序式设计的计划执行和评鉴》,香港城市大学出版社,张兆球.苏国安.陈锦汉(编).

社区活动计划书样式

活动背景	活动名称		活动编号	
	活动时间		活动地点	
	活动负责人		活动对象	
	预计参与人数		活动类型	
活动背景/理念				
活动目标				
活动内容	1. 活动内容： 2. 活动宣传与招募： 3. 前期分工： {任务分工表} 4. 当天活动具体流程： {流程表}			
人力资源安排	工作人员安排： 1. 前期执行社工及分工： 2. 现场执行社工及分工： 3. 活动所需义工及分工：			
活动预计困难解决办法	预计困难		解决办法	

前期分工表：

任务完成日期	工作内容	负责人	备注

当天活动具体流程：

时间	活动内容	所需物资	负责人	备注

续表

合计(元)	物品名称	数量	单价(元)	总价(元)	
活动财政预算					
活动评估方法	评估指标		评估方法		评估权重
社工签名			日 期		
主管签名			日 期		
主任\主任助理建议	签名： 日期：				
督导建议	签名： 日期				

1. 社区活动计划书撰写要点

(1) 活动名称:突出主题,吸引眼球。名字不要太长,尽量控制在 7 个字之内,让人看了知道是做什么。

(2) 活动编号:可采用字母加 8 位数字编码形式:P(Project)+年份月份+第几个活动(如 P20170101 代表 2017 年 1 月开展的第一个活动)或根据机构、中心要求编写。

(3) 活动时间:列明活动开展的具体时间,如 2×年×月×日 14:00—16:00。考虑服务对象聚集时间,每个部分的时间安排合理。

(4) 活动地点:清晰详细,写明附近地标建筑物,有必要时可附交通指引。

(5) 活动负责人:写明活动的主要负责人或主要负责的组织方。

(6) 活动对象:首先界定需要群体(详见本知识点第 2 点),其次写明参加活动人员,如儿童、青少年、长者、妇女、家庭、残障、社区矫正人员、普通居民等。活动对象具体阐明特定的年龄、地理社区、功能社区的组群,例如 6—8 岁的儿童、初中学生、60—70 岁的老人等。

(7) 预计参与人数:活动人数预计尽量精确,需要写具体的数字,避免出现 50 以上,100 以上这样模糊的数据,模糊的数字不易计算活动开展的时间及所用到的经费、礼品等的安排。

(8) 活动类型:列明活动开展的形式,包括工作坊、讲座、社区活动等。

(9) 活动背景/理念:澄清活动群体所遇到问题焦点(详见本知识点第 3 点),及阐述活动的缘由及理念运用(详见本知识点第 4 点)。

(10) 活动目标:活动目标不宜过多,尽量控制在 3 个之内,目标的撰写遵循 SMART 原则(详见本章知识点第 5 点)。

(11) 活动内容:概括性地介绍活动的方式、活动中每个环节的目的和具体内容等。

(12) 活动宣传与招募:结合活动场地、内容、活动参与者特点有针对性地宣传,方式:QQ、微信、居委会、街招、派单、电话邀请……

(13) 活动人手配备/人力资源安排:活动人手分为三类:一是前期执行社工及分工,阐明前期执行社工名单及对应分工内容;二是现场执行社工及分工,阐明现场执行社工名单及对应分工内容;三是活动所需义工及分工,阐明义工名单及对应分工内容。

(14) 活动预计困难及解决办法：包括预计困难及应对措施。预计困难是可能会影响活动的进程的环境或活动要素变化，如天气变化，人数变化，安全保障等；应对措施是针对环境或活动要素变动，所采取的对应策略，如更换场地，人员分组等。

(15) 活动财政预算：列明活动的各项费用。在根据实际情况进行具体、周密的计算后，用清晰明了形式列出。

(16) 活动评估方法：包括评估指标、评估方法、评估权重。评估指标要考虑服务购买方、合作方、社区居民、社工、机构等；评估方法要列明活动成效的检验方法，如访谈法、观察法、问卷法、基线测量法等。评估权重要根据活动目标及评估内容的重要性来确定评估的权重，即活动目标及评估内容越重要，评估的权重越高。

2. 界定需要群体

社会工作者在社区开展服务前，必须深入收集服务资料和数据，进行需要评估。收集资料的焦点，主要在评估问题的范围（多少人遇到该问题）、严重程度（问题的情况多严重）和问题人群（哪种类别的人有较大的问题）。就独居老人的问题为例，社会工作者找出区内有多少独居老人，他们中有多少存在生命威胁，哪类独居老人有较大的危机。那么，社会工作者如何决定有多少人需要有关服务，是否区内所有独居老人都需要接受服务？还是只有较少独居老人才有需要？当对"谁属于有需要的群体"的基本问题没有共识时便要回答这些问题。Williams等人（1981）提出了一个概念架构，以帮助我们对了解及辨别不同类别的需要数据有相当大的帮助（见图10.1-1）。

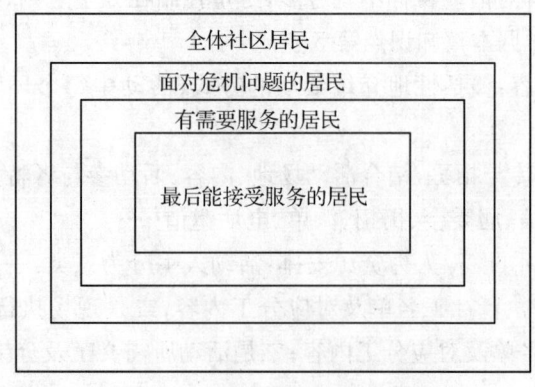

图10.1-1 需要对象群体的不同类别

按这个架构,社区内的群体可分为四类。当谈及"有多少人有需要"时,社会工作者必须清楚声明是哪一种意义的需要。

(1) 总体对象群体。指机构服务的范围内所有的有关的对象群体,例如:针对独居老人自杀问题来说,全体对象包括区内所有的独居老人。这个资料的涵盖面太广泛,连那些没有问题甚或不会发生问题老人也包括在内。

(2) 处于危机对象的群体。指在总体对象群体中那些较可能会出现问题的居民,例如:贫困、支援网络单薄和采取逃避方式应对问题的独居老人。研究指出,这些老人家有较大可能出现身心健康问题(见 Hodgson, Abbasi, & Clarkson, 1996)。属于这个对象的人,只是有较高机会但非必然会出现问题。因此,以这个意义来界定有需要的群体,难免会高估有需要的人士的数目。

(3) 有需要服务的对象群体。指在处于危机问题的对象群体中那些已经感受到问题困扰的居民,例如:那些呈现抑郁或有明确自杀倾向的老人。要以这个意义来界定有需要服务的对象群,必须采用一些清晰、明确、可信和可靠的工具。例如,社会工作者可采用 Brink 等人(1982)所建议的老年抑郁感量表(见杨宜音、张志学等,1990a),评估老人的抑郁感。以量表所建议的 21 分以上为中度至严重抑郁的指标,工作员便可界定出区内有多少老人属于需要群体。对于康复服务来说,那些智商低于标准量表准则的老人,便可算为有需要的对象群体。此外,区内因疑曾虐儿而受调查的家长,则可看作有需要辅导服务的对象群体。当然,从另一个角度看,按这个意义来界定需要群体,会倾向过分严格。一些即将面临困难的人士,便不会包括在需要服务者之列。

(4) 最后能接受服务的居民。指在所有面对危机问题的居民中最终获得服务的居民。这是一个过分严格的界定。接受到服务的居民,当然可算是有需要的一群,但实际有需要的人,可能比这数字更多。很多受到困扰的人,基于心理或客观环境的限制,不会寻求服务协助。再者,部分感受到困扰的人,可能碍于服务的资源有限,未能获得服务,例如某区的独居老人服务,由于人手有限,只能服务 100 位老人,但社会工作者绝对不能说区内有需要的老人就只有这 100 位。

3. 澄清问题焦点

在界定需要群体后,社工必须尽可能以清晰的陈述将群体的问题或需要表达出来。澄清问题焦点有三个好处:(1) 社会工作者可以清楚地针对问题,避免将资料花在无关痛痒的问题上;(2)尽管问题可能相当复杂和牵涉多方面,社会工作者在同一时间不能针对所有的问题。澄清焦点和订立问题优先次序,正符合解决问题过程中"大处着眼,小处着手"的原则;(3)只有当问题陈述表达得清楚,社会工作者才能制定清晰的介入目标,为程序计划提供方向(见表10.1-1)。

澄清问题焦点示例:

表 10.1-1 含糊及清晰的问题陈述

初步的问题陈述	澄清后的问题陈述
家长不懂得如何管教子女	家长对子女抱有过高的期望,当子女未能令他们满意时,家长便会采取打骂的方法。这种情况以母亲居多,父亲对子女的情况,通常较为冷漠。
弱能人士很难找到工作	坐轮椅的肢体伤残人士在应征文职工作时,很难获得面试机会;他们平均要寄出超过20封信,才有一个回音。
安老院院友的人际关系很差	住在同一房间的院友常因摆放私人物品的空间占用问题而发生口角争执,这尤以新入住的院友为甚。通常在星期日家人探访后的这种情况特别严重。

4. 理论理念部分

在界定服务群体和澄清问题需求后,在某些情形下,问题的严重性并不明显,例如根据调查数据显示青少年的自尊日渐低落、家庭关系日益疏离等,一般社会人士未必认同社会须动用资源解决这些问题。社会工作者以一些理论为基础,指出若不处理这情况,日后便可能会导致长远的恶性后果,则能大大提高论据的说服力。

以下两个例子阐释这方面的理论运用。图 10.1-2 中的例子,指出父母对子女管束过严的问题。对于这个情况,有些人不会认为值得关注。故此,社会工作者须引用家庭发展的理论,指出这种情况可能导致的后果。这种理论引证,大大提高论点的说服力。在图 10.1-3 的例子中,社会工作者运用埃里克森(1982)的儿童发展理论,引证成绩落后者可能会有的不良发展。

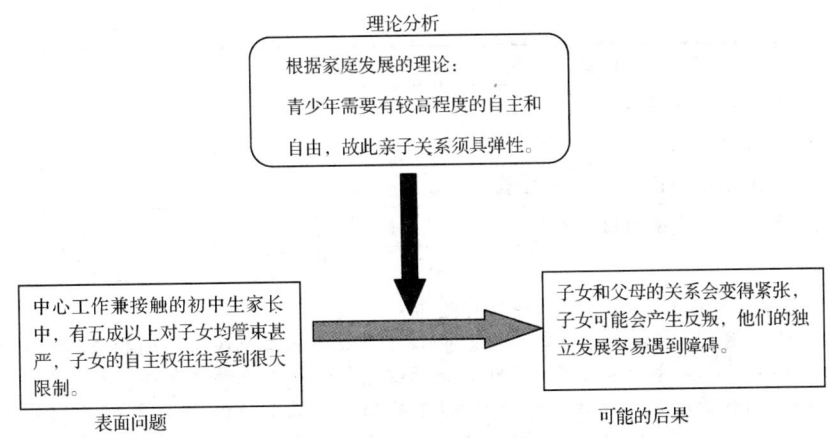

图 10.1－2　以理论分析问题情况的可能的后果

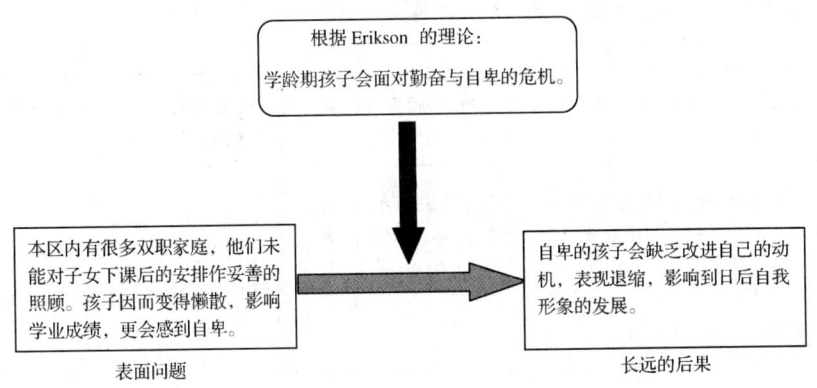

图 10.1－3　以理论分析问题情况的长远后果

在以上例子中,理论分析的作用,在于指出当前情况的潜在严重性,加强论据的说服力。由此可见,活动程序设计者若能好好掌握一般社会科学的理论,对撰写活动计划书会有很大的帮助。

理论理念撰写示例1：

表 10.1－2

独居老人服务计划理念撰写评释
以下是一间社会服务机构为独居老人举办的报告书背景和理念部分的主要内容(详见郑巧儿,1994)。虽然这是一份报告书,但在背景和理念部分,其书写方法大致上是和计划书相近的。读者可从中了解到如何运用数据资料,支持有需要举办活动。然而,在理论运用方面,这份报告亦有不足的地方,评释栏中将指出可改善之处。

续表

内容	评释
机构性质：老人社区中心	
活动目的：强化独居老人的非正式支持网络	
活动性质：外展接触独居老人、社区教育	
对象：竹园北邨惠园楼的独居老人	
活动理念： 圣公会在黄大仙区开展老人服务始于 1982 年……及至 1988 年 4 月，圣公会黄大仙老人社区中心正式成立……中心于 1989 年 2 月由实习学生于竹园邨进行了一项（竹园邨独居老人生活调查）……报告指出了重建破坏了老人原有的支持网络，独居老人社交圈子狭窄，对社会服务认识不足，加上服务缺乏，独居老人处于孤立境况，一旦出现问题，便只能坐以待毙。	社工略述机构的背景，有助读者明白活动的缘由。报告书开宗明义地指出，活动针对的问题是独居老人支援网络不足的情况。
独居老人一般是指 60 岁以上之老人，他们单独居住或与个别无亲属关系同住，同住者亦可能同是 60 岁之老人……	由于独居老人是一个笼统的概念，清楚给予界定，有助读者明白活动的目的、对象。
独居老人普遍面对缺乏的问题，本会于 1990 年的调查显示，有 23.3% 的独居老人无亲友在港，他们求助无门……（他们）无亲人及无朋友援手的分别高达 49.8% 及 52.5%……（他们）绝大部分（77.5%）没有参与宗教或社团的活动。	社工以调查资料，显示独居老人支援网络不足的广泛程度。
事实上，大多数老人都患有一定程度的慢性疾病，最普遍的有风湿、血压高及心脏病等……由于缺乏经济能力，社交活动减少，导致生活圈子狭小，情绪有波动时，缺乏适当疏导精神易受困扰，生理健康受到影响。	由于支援网络不足是否一个问题，并非显而易见，故社会工作者需解释如果不处理这些问题会产生的后果。在此，社会工作者能套用研究成果，引证支援网络和生理健康有关例子，会增强说服力。
……独居老人与一般老人同样面对健康、经济、社交、住房等问题，但由于缺乏支援，压力较大，所以协助他们建立支援网络，便成为重要服务。……社会服务是西方社会的产物，与中国传统之农业社会自助社会不同，对于社会知识贫乏及倾向保守的老人，需要经过一社会化过程及得到鼓励才懂得运用社会服务。但现时为老人提供的社会服务不足，未能满足社区需要，更没有人力可以将服务信息主动带给这些独居老人，把他们与服务系统衔接起来。	社工凭推论指出，正规服务并非满足老人需要的良方，从而带出非正常网络的重要性。

续表

内容	评释
协助独居老人建立非正式之支援网络,有助于扩大他们的社交圈子和获得他人的关顾,舒缓生活上的精神压力,及得到社会资讯及服务信息。……对独居老人的照顾,唯有依赖非正式照顾系统,运用自然之网络,使其延续,发挥照顾的作用,使独居老人能独立在社区中生活,亦可减少对组织性社会服务的依赖。	社工重申活动的介入点在于加强独居老人的支援网络。然而,整个理念部分均没有清楚解释为何独居老人未能自行组织网络。社工在介入时,便不容易摸清应着眼于哪些因素。于此,若社工能分析过往障碍老人建立网络的因素,对介入会有建设性的启示。

5. 设定服务目标

完成订立活动介入点后,需要制定活动各项目标。一个好的目标,必须清晰明确、特定、可测量、具体时间限制、实际可行,同时它也代表一种承诺,在目标设定时应遵循 SMART 原则。

设定目标示例

- 在 2016 年 4 月 30 日前,招募至少 30 位家庭暴力受害者参与方案……
- 在 2016 年 7 月 1 日前,至少有 80% 低收入家庭将拥有足够及稳定的收入……
- 在 2016 年 8 月 15 日前,至少有 30 名残障人士接受康复计划……
- 在活动结束时,有一半以上的服务对象掌握了情绪管理的技巧……
- 在活动结束时,所有的服务对象都能交到 2 名或 2 名以上的新朋友……
- 在 2016 年 12 月 31 日前,为社区内 65 岁以上的老年人及有康复需求的残疾人建立健康档案,并实行电子化管理。

6. 社区活动策划方案的注意事项

有关社区活动策划与开展过程中,社工要注意以下事项:

(1) 社区活动策划方案中需要包括详细的分工(具体落实到人),需要有每一任务的完成时间点。

(2) 社区活动策划方案中要包含物资清单,并由专人保管和落实,以免遗忘或遗失。

(3) 策划方案中所涉及的组织方人员需提前到场,预留足够时间布置场地,检查缺漏。

(4) 为参加活动的人员准备好休息场地,并做好场地指引工作。

(5) 对音响、设备进行预先调试,并做好应急预案。

(6) 对活动做好摄影、录像,并撰写新闻稿,存档备查。

社区活动计划书示例："感恩·助残"爱心义卖活动计划书[①]

"感恩·助残"爱心义卖活动计划书

1. 活动基本资料

活动名称	"感恩·助残"爱心义卖活动	负责社工	程××
日期及时间	2016年09月13日 9:00—12:00	活动地点	金碧南社区
适用对象	××街所有居民	预计人次	100
合作单位	□无 √有 康园工疗站、居委	义工招募	□不需要 √需要 10 名
活动背景/理论支持	根据过往的调查发现,融入社区是残障人士生活中最常见的困难。社区居民对残障人士带有部分标签,导致残障人士受到异样的眼光。如果长此以往残障人士将逐步失去走进社区动机。与此同时,独自个人生活,心理也会产生不良反应,不利于康复。根据过往记录中,只要残障人士参与社区活动,提升各方面的能力,并且建立自我社交圈,增强个人支持网络,所以让残障人士走进社区,先要让居民有正确认识,才能够促进残障人士在社区的康复。 根据过往的调查发现,融入社区是残障人士生活中最常见的困难。社区居民对残障人士带有部分标签,导致残障人士受到异样的眼光。如果长此以往残障人将逐步失去走进社区动机。与此同时,独自个人生活,心理也会产生不良反应,不利于康复。根据过往记录中,只要残障人士参与社区活动,提升各方面的能力,并且建立自我社交圈,增强个人支持网络,所以让残障人士走进社区,先要让居民有正确认识,才能够促进残障人士在社区的康复。 正常化理论是用来分析和如何看待诸如精神病患者及其他伤残人士等某些特殊的社会群体的理论。在社会工作领域中,正常化理论的含义是:正常化就是为受助者提供与正常人相似的生活环境,包括让他们回归到自己熟悉的平常社会,过正常人的生活,帮助残疾人获得一种尽量接近正常人的生活方式,使他们的日常生活模式及条件尽量与社会中大多数人一样而不是有意地将他们区隔开来。 为此,社工将于2016年9月13日与康园工疗站及××居委会合作在××社区开展一场"感恩·助残"爱心义卖活动。首先活动前组织残障人士制作的各类义卖物品。将通过中秋义卖活动宣传及展示残障人士手工艺才能,加强社区居民对残障人士的认识以及鼓励社区居民参与到关爱残障人士中来。		

[①] 该计划书源自广州市心明爱社会工作服务中心,文书内容由陈允科社工撰写,刘白秀督导负责修订与审校。

续表

活动目的	1. 通过义卖活动,为残障人士提供展示个人能力及才华的机会; 2. 提升残障人士融入社区、参与社区活动意愿;	
具体目标	1. 70%的残障人士至少一次讲解制作义卖物品; 2. 80%的残障人士参加义卖活动后更愿意参加社区活动;	
宣传招募方法	☐街站外展、社区宣传活动中招募 ☑在过往参加者中宣传招募 ☐通过上门探访宣传招募	☑在社区宣传栏张贴宣传单 ☐通过电话、短信、网络平台等宣传招募 ☐其他(请填写)_____

2. 活动内容

前期工作日程安排				
序号	工作内容	完成日期	负责社工/跟进社工	备注
1	与工疗站商谈义卖安排	2016.08.29	程××	
2	协助工疗站准备义卖品整理	2016.09.05	程××	
3	准备义卖相关物资	2016.09.06	程××	
4	观察义卖摊位的位置	2016.09.07	程××	
5	与工疗站沟通义卖物品摆放及人员分工	2016.09.12	程××	
6	开展活动	2016.09.13	程××	
活动当天流程				
序号	时间	工作项目/主题	工作内容	负责社工	备注
1	9:00	搬运义卖品	1. 携带搬运工具前往工疗站; 2. 搬运义卖品	社工	
2	9:20	布置场地	1. 摆放桌椅; 2. 摆放义卖品; 3. 摆放宣传资料	所有人员	
3	9:30	义卖销售	1. 协助残障人士销售; 2. 记录售卖信息; 3. 残障人士现场进行衍纸画制作; 4. 向居民宣传义卖内容;	所有人员 (社工、义工、残障人士)	
4	12:00	结束	1. 全体人员拍照留念; 2. 整理物质; 3. 打扫卫生; 4. 所有人员进行分享	所有人员	

3. 活动预估

活动评估		
改变范畴	评估指标	评估方式
行为	有70%的残障人士至少一次讲解义卖物品;	社工观察
认知	有80%的残障人士参与义卖活动后更愿意参加社区活动;	访谈法
困难预估及应对方法		
困难预估	应对方法	
1. 残障人士不愿意与居民交流	1. 社工让残障人士试炼一次交流,鼓励他们尝试讲解自己的作品; 2. 社工现场鼓励残障人士与居民沟通; 3. 如不愿意沟通的残障人士,社工事后再做心理辅导	
2. 义卖物品运输及补给	1. 前期与工疗站沟通当天携带义卖品,尽量减少携带; 2. 携带义卖品时,平均分配每人协助,减少每人背负; 3. 当天义卖品不足时,马上由社工前往工疗站获取义卖品补给。	
3. 残障人士难以去上厕所	1. 社工提前了解××社区厕所的位置; 2. 义卖期间至少有一名社工协助残障人士去厕所。	

4. 活动物资与财务预算

序号	物资名称	单价	数量	金额	备注	
1	面包	5	5	25	☐中心自有 ☐赞助/资助	☑购买 ☐其他
2	志愿者车费	4	9	36	☐中心自有 ☐赞助/资助	☑购买 ☐其他
	合计			61		

5. 活动人员分工

	人数	备注(姓名,特别说明等)
总负责人	1	程××
协助社工	2	罗××、邝××
义工	10	活动预计需要义工约10人。

续表

组织与分工	（具体环节的分工安排） 1. 布置场地：所有人员共同布置场地； 2. 义卖销售：1) 四名义工协助残障人士进行销售； 2) 两名义工协助残障人士现场进行衍纸画制作； 3) 一名社工和两名义工进行售卖记录； 4) 一名社工和两名义工进行宣传。 3. 工作人员轮流协助残障人士进行如厕。

6. 附件

（如宣传海报、培训课件等）

7. 活动审批

项目主任审批	签名：＿＿＿＿　日期：＿＿＿＿
督导审核	签名：＿＿＿＿　日期：＿＿＿＿
同工回应	签名：＿＿＿＿　日期：＿＿＿＿

知识点 2：社区活动总结报告

社区活动总结报告是对已经开展的社区活动加以分析活动的成效，反思活动的不足，总结经验教训的一种书面文体。活动总结报告具体内容包括：活动基本信息（活动名称、活动编号、活动地点、活动时间、活动负责人、服务人次、分工安排）、目标达成情况、活动内容评估、财务评估、反思与建议、督导意见等相关内容。报告要尽量详细，不要空泛，一些细节的处理，就会是下一次经验的提醒。比如"活动当中具体讨论的是什么话题"，出现的插曲是什么，是什么原因，当时怎么解决的。这些记录可以帮助下次避免重复再犯类似的错误。

社区活动总结报告样式

活动背景	活动名称			编 号	
	活动地点			活动时间	
	活动负责人			服务人次	
	分工安排	姓名		工作内容	
目标达成情况	活动目标	目标达成情况及如何达成		反思/建议	
内容评估					
合计(元)	物品名称	数量	单价(元)	总价(元)	
财务评估					

178

续表

反思/建议			
填写社工		日期	
项目主管		日期	
中心主任\主任助理		日期	
督导意见		签名：	日期：

1. 社区活动总结报告撰写要点：

(1) 活动基本信息活动名称、活动编号：根据社区活动计划书内容填写；

活动地点：根据实际活动开展地点填写；

活动时间：根据实际活动开展时间填写；

活动负责人：根据活动实际负责人或组织填写；

服务人次：根据实际活动服务人次填写；

分工安排：根据实际活动实际分工情况填写。

(2) 目标达成情况：根据社区活动计划书中所订立的目标及意见反馈表的情况来填写。

(3) 活动内容评估：可以从筹备工作：(场地、时间……)，内容/形式之合适度：(内容如：技巧、知识....；形式如：PPT、视频、角色扮演…)，参加者反馈与表现，工作员表现等四方面去评估反思活动概况。

(4) 财务评估：根据实际状况填写，列明物品名称、数量、总价等，分析成本一效率产出情况。

(5) 反思与建议：包括活动参加者主观题部分的意见及社工的反思进行归纳总结。

内容评估文书示例

　　本次活动在前期筹备工作上，社会工作者首先及时向学校申请教师义工进社区公益教育咨询服务的活动的开展，了解学校老师参加人员及学校方面的需求；其次，联系社区工作站工作人员，了解社区对教育咨询服务的需求，从中选取一或两个社区为教师义工服务社区；再次，撰写教师义工进社区公益教育咨询活动方案，跟进社区活动开展时间、地点、人员等；并做好教育咨询服务前期宣传，如海报、横幅、活动通知等，使得活动按照计划顺利的举行。

　　在活动内容上主要立足于学校的教师资源及服务周边社区有需要的居民，社会工作者发挥链接资源的功能，以教师义工进社区教育咨询服务活动的形式为所在辖区的居民开展教育咨询活动。通过活动过程中观察，所有参与者积极投入，现场气氛热烈。尽管当天艳阳高照，教师义工仍孜孜不倦地解答居民提出的疑惑，居民们也认真听教师的解答，活动氛围较好。通过后期问卷反馈，有91%的居民表示活动选取在中高考前，通过教师义工进社区的形式及时地解答了他们在教育上的疑问；并有95%的居民表示，希望社工以后多开展类似的活动，以便及时地解决遇到的教育问题。此外，通过对教师义工的访谈，100%的教师义工表示通过此次活动加深了与家长之间的沟通，有利于今后教学工作的开展，并通过此次活动，也提升了自我的价值，期待以后有更多的机会开展类似的志愿服务。

反思/建议文书示例

　　(1) 教师义工反馈，开展义工活动前对居民的疑问和需求了解得不多，因此在刚开始开展义工服务工作时有些不知所措。建议：今后开展类似的活动，社工前期筹备工作中整合居民的疑问与需求，以便教师义工更好地提供咨询服务。

　　(2) 活动开展过程中，有不少居民没有看到活动海报，表示刚好路过才知道有开展教育咨询的服务，这说明社工服务的宣传仍然不到位。建议：开展多渠道的服务推介，如海报、QQ、公众号、电话等多媒介全方位使用，向初、高中家长等有需求的服务对象重点推介。

2. 社区活动评估

　　活动方案评估的主要目的是在于提供有关结果、完成度和成果的反馈，使方案制定者及规划者得知方案的成效。活动评估与监督有重叠之处，但不同在于，监督是在方案执行的同时进行评量，而方案评估则可在方案执行的同时（过程评估）和事后（结果评估）加以进行。社区活动成效的展现通过对社区活动过程及结果进行有效评估。社区活动的成效和反应该如何总结和提炼？以下是活动评估中所处理的一些问题：社区活动与分领域服务目标的逻辑关系如何？社区活动按照服务对象群和社区需求目标设置的精确度(如社区宣传、社区教育、社区倡导、社区行动等)如何？社工专业方法的运用情况(如号召参与、资源调动、部门联动等)如何？服务对象的满意度(活动满意度调查表)如何？社区活动目标的实现程度如何(活动成效评估问卷)等？社区活动的评估可分为：过程评估和结果评估。

(1) 过程评估

过程评估是对社区活动过程的每一步骤、每一阶段分别做出评估，关心的重点是工作中的各种步骤和程序怎样促成了最终的活动结果，方法是了解和描述介入活动的内容，回答在服务过程中发生了什么，以及为什么发生？

在过程评估中，社会工作者判断自己是否按照最佳的方式提供干预和服务。在对服务传递过程进行评估时，需要考察从接触服务对象、评估需要、传递服务到结束服务的全过程。社会工作者对活动过程进行分析，哪些服务对象主动积极，甚至有过高的表现欲望，观察服务对象的参与；检视社会工作者介入的方法及技巧是否得当，能否启发服务对象的成长，社会工作者个人对活动的观感有什么需要与督导探讨和改善之处(如服务对象的参与度、配合度等问题)。过程评估可在结果评估之前或者同时进行。

过程评估示例1：

通过活动过程观察，所有参与者积极投入，现场气氛热烈。尽管当天艳阳高照，教师义工仍然孜孜不倦地解答居民提出的疑惑，居民们也认真听教师的解答，活动氛围较好。

过程评估示例2：

通过活动过程观察，所有参与者积极投入，活动气氛热烈，参与者们踊跃分享自己的活动心得并能够及时将学习到的沟通技巧运用到与其他活动参与者的沟通中去。但在活动过程中，社会工作者忽略了一些相对沉默而有需求的参与者，因此在辨识活动参与者需求社工的敏锐度仍有待提高。

(2) 结果评估

结果评估是指介入行动最终完成的形态，是在社区活动的最终阶段进行的评估，包括理想结果和目标结果两个部分。理想结果是指介入要努力达到的方向；目标结果是介入的直接和最终效果。结果评估是检视计划介入的理想结果以及这些结果实现的程度及其影响。结果评估时需思考如下问题：服务是否达到了预设的目标(实现服务对象的改变)？和没有参加服务或参加其他服务相比，服务对象的情况是否真的得到改善？服务对象对社工所传递的服务是否满意等？

结果评估示例 1：

通过成长课活动的开展，让同学们加强对自我认识与了解。根据同学们后期反馈表的反馈，基本上所有同学都表示自己达到这一目标，从反馈表上可得知，参与者对加强自我认识与了解这一目标达成均表示满意，其中有80%的同学表示加深了对自我的认识与了解。由此可见，此次活动"同学们加强对自我认识与了解"的目标达成。

结果评估示例 2：

通过生命教育活动的开展，让同学们认识生命、感知生命、珍惜生命。根据同学们后期反馈表反馈，参与活动的同学都表示通过此次活动，加深了自己对生命的认识，从问卷反馈表上可得知，有73%的参与者认为通过此次活动加深了自己对生命的认识，从而能够更加珍惜生命、爱惜生命。

(3) 活动意见反馈表

活动意见反馈表是在活动结束后分发给活动参与者填写的一份问卷，问卷内容包括活动目标的达成情况的评价、对工作人员的评价及对服务满意度评价等，其作用为了让社会工作者更好地评估活动效果，把握活动参与者对活动的看法或想法，从而有利于社会工作者思考活动的目标的合适性，并根据目标调整活动内容及形式等。

活动意见反馈表（参加者填）

这份问卷的目的是收集您对本机构活动的意见，以便改善我们的服务。请圈出以下最能代表您的意见的选项。您的意见将会被保密，而且不会影响您现时或将来所接受的服务。现诚意请您填写问卷，完成后请交予有关工作人员。多谢合作！（单项低于3分的，请在表中注明原因，以改善我们的服务素质）

一、服务目标及效果评价

	非常不同意	一般		非常同意			≤3分请说明原因
我认为活动达到了目标	0	1	2	3	4	5	
本次活动对我很有帮助	0	1	2	3	4	5	
我感觉自己有所成长（知识、能力、观念）	0	1	2	3	4	5	
本次活动，我很投入	0	1	2	3	4	5	

二、对工作人员的评价

非常不同意　　　　一般　　　非常同意							≤3分请说明原因
我满意活动主持人的带领手法	0	1	2	3	4	5	
我满意活动主持人的工作态度	0	1	2	3	4	5	
我满意活动工作员的工作能力	0	1	2	3	4	5	
我满意活动工作员的工作态度	0	1	2	3	4	5	

三、服务满意度评价

非常不同意　　　　一般　　　非常同意							≤3分请说明原因
我满意活动的时间安排	0	1	2	3	4	5	
我满意活动流程内容安排	0	1	2	3	4	5	
我满意活动的场地安排	0	1	2	3	4	5	
我对本次活动的总体评分	0	1	2	3	4	5	

四、您还有其他意见或建议：（可从参加活动感受、对本次活动的意见以及以后期望的活动内容及形式入手）

_____

_____

参加者姓名：_____　　　日期：_____

社区活动总结报告示例:"感恩·助残"爱心义卖活动总结报告

"感恩·助残"爱心义卖活动总结报告[①]

1. 活动基本资料

活动名称	"感恩·助残"爱心义卖	负责社工	程××
日期及时间	2016年9月13日16:00—20:00	活动地点	××社区
参加人次	预计人次:100人 实际人次:150人以上,其中购买物品人数45人	义工人数	10人

2. 活动总结事项

活动前期筹备情况	➢ 宣传招募: 前期宣传是通过与××居委联系,在××社区进行宣传,以及派发宣传单; ➢ 物资、场地准备: 物资:义卖品(社工与工疗站合作的衍纸画、丝网花、黏土、DIY购物袋等),场地布置(桌椅、手拉车、宣传资料等)由社工及义工协助布置; 场地:本次活动场地与××居委合作,地点安排在××花园三期广场; ➢ 人员安排(含义工招募): 本次活动由负责社工一人统筹带领,招募的义工主要是社区矫正服务领域的义工共10人,以及工疗站7人共同协助开展。		
目标达成情况		活动目标	目标达成情况	分析说明

目标达成情况	目标1	70%的残障人士至少一次讲解制作义卖物品	目标达成	7成残障人士都愿意主动讲解自己的作品,3成残障人士则需要社工的鼓励下尝试讲解;
	目标2	80%的残障人士参加义卖活动后更愿意参加社区活动	目标达成	因居民参与的反应激烈,残障人士比较期待下期继续开展义卖活动。

---

① 该总结报告源自广州市心明爱社会工作服务中心,文书内容由陈允科社工撰写。

续表

突发情况应对	无	
活动财务评检	预算开支：__61__元　　实际开支：40元 预算与开支平衡情况：(☑＋/□－)21元	
参加者反馈意见	请摘录部分参加者的反馈意见 1. 部分妈妈带着自己的孩子过来参加，妈妈教导孩子本次活动是很有意义的，主要是为了献爱心，而不是购买物品，主要自己献出爱心能帮助到别人就可以了； 2. 过来参加的义工也表示这个活动很有意义，表示自己下次还要参加这样的活动并献出自己的爱心，支持本次活动。	
社工反思（经验与改进）	做得好的地方	需关注的地方
	1. 本次活动让残障人士更多机会接触到社区，更多机会与居民沟通； 2. 通过志愿者协助残障人士的模式，志愿者与残障人士现场制作手工的过程中，吸引较多的居民前来参加，不仅残障人士把自己较为特长的地方展示给居民了解，促进残障人士走进社区的机会，也促进了居民对残障人士的了解。过来参加活动的志愿者也表示这个活动很有意义，表示自己下次还要参加这样的活动并献出自己的爱心，支持本次活动。	残障人士对社区不了解，会感到比较陌生，为此，社工需要给予残障人士信心。
跟进事项	活动后将活动所得义卖款项交与工疗站。	

3. 活动剪影

(粘贴活动的主要剪影2—4张)

4. 审批意见

项目主任 审批意见	签名：＿＿＿＿　日期：＿＿＿＿
督导审 核意见	签名：＿＿＿＿　日期：＿＿＿＿
同工回应	签名：＿＿＿＿　日期：＿＿＿＿

知识点3：社区活动其他文书

1. 社区活动文书清单

社区活动文书清单是将社区活动相关的文书表格整理归纳起来，包括活动计划书、活动签到表、活动意见反馈表、活动总结报告等，以便于社会工作者进行查阅与检索。

表10.3-1　社区活动文书清单

活动名称：　　　　　　　　　活动编号：

表　格	完成 "√"	不适用 "×"	备注
1. 社区活动计划书 （内含财政预算、程序安排表）			
2. 社区活动签到表			
3. 社区活动意见反馈表			
4. 社区活动总结报告			
5. 其他资料			
资料页数合计	共　　　　页		

填表社工		日 期	
项目主管		日 期	
中心主任/助理		日 期	

2. 社区活动签到表

活动签到表一般就是参加活动的凭证，便于社会工作者活动人员的统计，也可作为开展服务活动的文档资料。一般来说，活动签到表包括活动参与的姓名、联系电话、住址、签到情况等相关内容，社会工作者也可根据实际情况灵活处理。

表 10.3-2 ＿＿＿＿＿＿社区活动签到表

年　　月　　日

编号	姓名	电话	住址（选填）	签到
1				
2				
3				
4				
5				
6				
7				
8				
9				
10				

3. 社区活动新闻稿

社区活动新闻稿是将社区活动以详细地和生动地形式报道社区活动信息的新闻题材，以叙述和描写为主，文字简洁，时效性较强的一种文体。

（1）社区活动新闻稿的内容

从内容而言，一篇完整活动新闻稿包含 5w＋1H 的要素：即 What（什么事，即活动内容是什么）？Who（谁参与到活动中来）？When（活动发生的时间）？

Where(活动在什么地方开展的)？Why(为什么要开展这个活动)？和How(活动开展的情况怎么样)？

(2) 社区活动新闻稿的结构

从结构上而言,新闻稿应包含标题、导语、主体、结尾和其他五部分,前三者为新闻稿的主体部分。

格式示例:

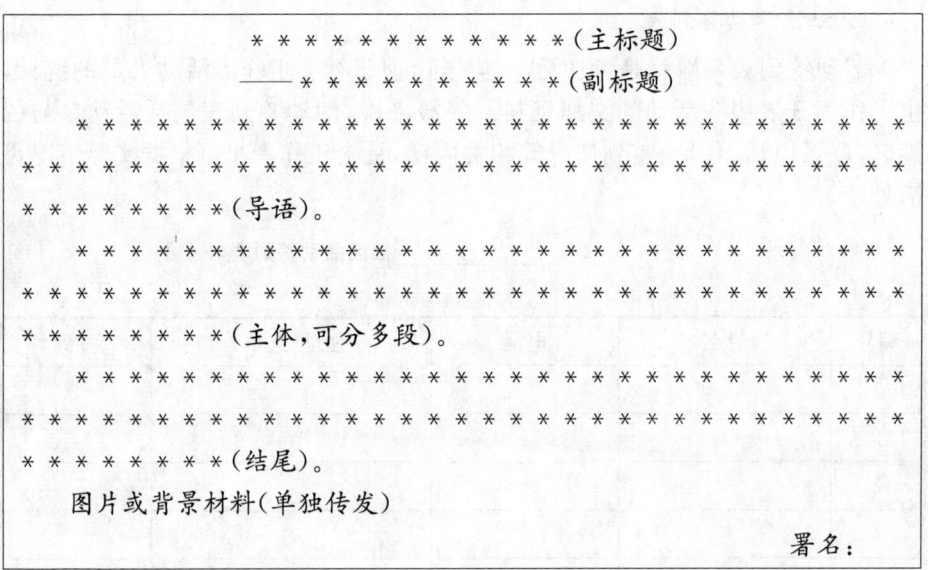

① 标题:高度概括,抓人眼球,突出新闻中的"新",如有需要可使用副标题补充。

如"环保宣传,××社区有新招"。

② 导语:主要用来提示活动新闻的重要事实,使读者一目了然,具有统一全文的作用。要求用简明扼要的文字,写出消息中最重要、最新鲜、最精彩的事实,字数较少,一般交代新闻的六要素。

③ 主体:随导语之后,是新闻的主干,是集中叙述事件、阐发问题和表明观点的中心部分,是全篇新闻的关键所在。如在撰写社区活动时,突出社工专业的(居民互助)为亮点,说明活动是在社工的倡导下,居民自发发起的首次环保宣传活动,以突出新闻点。

④ 结语:一般指新闻的最后一句或一段话,是新闻的结尾,它依据内容的需要,对活动内容进行总结。

⑤ 其他:该部分主要是对新闻稿件的补充及说明,包括图片、图表、插图等

其他补充资料。图片的内容有信息,使读者留下深刻的印象;图表可帮助理解性资料的内容,容易看到重要的需要突出的部分;插图大部分是新闻撰稿人自己制作的,使文章更加生动。

新闻稿示例
"奔跑吧·Family——家长俱乐部亲子趣味运动会"①

2016年7月23日上午9点,××街家庭综合服务中心家庭服务部联合××街妇联、富力西社区居委会在富力西网球场举行了"奔跑吧·Family——家长俱乐部亲子趣味运动会"活动。本次运动会共有100人参加,大家在互相沟通、共同合作完成游戏。

本次运动会融入了广州市好家风建设的精神要素,将"家平安"、"家传承"、"家成长"、"家乐学"贯穿整个活动。运动会共有四个游戏项目组成,分别是七手八脚、手疾眼快、神笔马良以及指压板接力赛。在手疾眼快游戏环节中,组员需要在30秒之内根据主持人的要求尽快地在海洋球池中找出对应的海洋球。口号声下,10组成员的代表都飞驰而出,大家争先恐后地找出对应的海洋球。在第五轮的游戏中,组员需要找出贴有社会主义核心价值观词语的球,大家一边回想核心价值观一边寻找,不一会儿也满载而归。在神笔马良游戏中,组员通力合作,相互商量与沟通,在力与力的相互作用之下,运用一支大毛笔合力在水写布上写出"家传承"、"家长俱乐部"等词语。这是一个极具考验组员之间的沟通与配合的游戏项目,不少组员都发挥自身的聪明才智,在遇到困难时为组内提供解决建议和方法,成了组内名副其实的"智囊团"。短短两个小时很快过去,组员们都玩得不亦乐乎,在最后的颁奖与合照中,我们愉快地结束了本次运动会。

本次运动会取名"奔跑吧·Family",意在呼吁家庭成员之间的相互陪伴与互相表达爱。《超级英雄》里有句歌词是这样的:"你说我是你的超级英雄,偶尔也客串你的出气筒,心甘情愿接受这份光荣,做你身边的萤火虫"。每一个家庭都有一个超级英雄,或许是爸爸,或许是妈妈,也许在未来,你也会成为那个家里的超级英雄。

附录:广州市心明爱社会工作服务中心社区活动服务文书

××服务中心:×××
2016年7月25日

---

① 摘自:http://www.gzsg.org/article/id/4197.html

参考文献

[1] 高万红.个案工作理论与实务.北京:中国劳动社会保障出版社,2008.
[2] 何明宝,高民政,朱希峰.走向社工.上海:上海人民出版社,2004.
[3] 王思斌.社会工作导论.北京:北京大学出版社,2012.
[4] 马伊里,吴铎.社会工作案例精选.上海:华东理工大学出版社,2009.
[5] 深圳市南山区社会工作协会.实践书写.广东:南方日报出版社,2013.
[6] 郑宁.个案工作实务.北京:高等教育出版社,2013.
[7] 全国社会工作者职业水平考试教材编写组.社会工作实务.北京:中国社会出版社,2012.
[8] 安芹.个案工作实务手册.北京:北京理工大学出版社,2015.
[9] 童敏.社会工作专业服务的规划与设计.北京:社会科学文献出版社,2011.
[10] 童敏.社会工作专业实习——常见疑难问题及其处理.北京:社会科学文献出版社,2010.
[11] 潘淑敏.社会个案工作.台北:心理出版社,2000.
[12] 黄维宪,曾华源,王慧君.社会个案工作.台北:五南图书出版公司,2001.
[13] S. Cormier 等.心理咨询师的问诊策略.北京:中国轻工业出版社,2009.
[14] Barry Cournoyer 著.社会工作技巧手册.朱孔芳,杨旭,丁慧敏译.上海:华东理工大学出版社,2013.
[15] 谢丽红.团体谘商方案设计与实例.台北:五南图书出版公司,2002.
[16] 黄惠惠.自我与人际沟通.台北:张老师文化,1996.
[17] 张春兴.心理学.台北:东华书局,1992.
[18] 陈心洁.小组工作的理论与实务.北京:中国政法大学出版社,2015.
[19] 刘梦,小组工作案例教程.北京:中国人民大学出版社,2007.

［20］范克斯,肖萍.团体社会工作.北京:社会科学文献出版社,2001.

［21］丁少华.小组工作.北京:社会科学文献出版社,2003.

［22］黄丽华.团体社会工作.上海:华东理工大学出版社,2003.

［23］陈中林.团体社会工作.北京:中国时代经济出版社,2005.

［24］吕新萍.小组工作.北京:中国人民大学出版社,2005.

［25］万江红等.小组工作.武汉:华中科技大学出版社,2006.

［26］李郁文.小组动力学——群体动力的理论、实务与研究.台北:桂冠图书有限公司,2001.

［27］林孟平.小组领导与心理治疗.香港:商务印书馆,1993.

［28］徐西森.团体动力和团体辅导.台北:台湾心理出版社,1997.

［29］何洁云,谢万恒.社会工作实践——小组工作.香港:香港理工大学应用社会科学系,2002.

［30］王慧君.团体领导者训练实务(修订版).台北:张老师文化事业股份有限公司,2001.

［31］香港·社会服务发展研究中心.社区社会工作实务手册.广州:中山大学出版社,2013.

［32］张兆球,苏国安,陈锦汉.活动程式设计的计划执行和评鉴.香港:香港城市大学出版社,2000.

［33］夏建中.社区工作(第二版).北京:中国人民大学出版社,2009.

［34］赵勤,胡芳,刘燕.社会调查方法.北京:电子工业出版社,2012.

［35］风笑天.现代社会调查方法.第4版.武汉:华中科技大学出版社,2009.

［36］史静寰,文雯.清华大学本科教育学情调查报告2010.北京:清华大学教育研究,2012,33(1):4-16.

［37］柳彩霞,李坪.广州市社区老年教育的现状调研分析.广州:广州城市职业学院学报,2017,(02):90-96.